НОВИКОВ Юрий Николаевич

ОХРАНА ОКРУЖАЮЩЕЙ СРЕДЫ
СЛОВАРЬ СОКРАЩЕНИЙ
НЕМЕЦКО-РУССКИЙ

(около 1600 единиц)

JURI N. NOVIKOV

UMWELTSCHUTZ
ABKÜRZUNGSLEXIKON
DEUTSCH-RUSSISCH

(1600 Abkürzungen rund um den Umweltschutz)

ETS-Verlag, Moskau
Igor Jourist Verlag, Hamburg

НОВИКОВ Ю. Н. Немецко-русский словарь сокращений по охране окружающей среды (около 1600 единиц).

Bestelladresse:

Igor Jourist Verlag
Wendenstr. 435,
20537 Hamburg
Tel.: 040-21098290
Fax: 040-21098293
E-mail: 101234.420@Compuserve.com
Internet: http://www.jourist.de

Для заказов в СНГ:

Издательство «ЭТС»
Энциклопедические и технические
электронные и традиционные словари
Подсосенский пер. 13
103062 Москва Россия
Tel.: (095) 917-21-60, (095) 400-66-34
E-mail: ets @ ets.ru
Internet: http://www.ets/ru

ПРЕДИСЛОВИЕ

Сокращённые и сложносокращённые слова являются важной составной частью языка современной науки и техники. И именно они представляют наибольшую трудность при понимании и переводе иноязычных текстов. Если непривычный термин можно передать в виде кальки, то неожиданное сокращение способно поставить в тупик даже самого опытного переводчика.

Настоящий словарь содержит основные сокращения, регулярно встречающиеся в современных немецких текстах по природоохранной тематике. Предлагаемый словарь сокращений удачно дополняет выходящий в том же издательстве Немецко-русский словарь по охране окружающей среды и экологии, являясь при этом вполне законченным самостоятельным произведением. Тематические рамки простираются от кратких названий многочисленных природоохранных организаций, законов, распоряжений, химических загрязнителей окружающей среды до сокращённых обозначений атомных станций и узкоспециальных сокращённых терминов, скажем, из области переработки отходов или очистки сточных вод.

Включение значительного числа англоязычных сокращений обусловлено уже устоявшейся лексикографической традицией, связанной с широким проникновением английского языка, английской терминологии и англоязычных реалий в современную немецкую научную литературу. Поэтому словарь можен оказать немалую пользу и при чтении оригинальной англоязычной литературы по природоохранной тематике.

VORWORT

Die Abkürzungen und Kürzelzusammensetzungen sind aus der modernen Sprache von Wissenschaft und Technik nicht wegzudenken. Sie bereiten zudem die meisten Schwierigkeiten, wenn es um das Verstehen oder Übersetzen eines fremdsprachigen Textes geht. Während bei einem völlig unbekannten Fachausdruck eine Lehnübersetzung Abhilfe schafft, kann ein überraschendes Kürzel selbst einen gestandenen Fachübersetzer in die Enge treiben.

Das vorliegende Abkürzungslexikon umfaßt jene **Abkürzungen, die in den modernen deutschsprachigen Umweltschutztexten besonders häufig anzutreffen sind.** Bei dieser Edition handelt sich nicht schlechthin um eine nutzreiche Ergänzung zum neuerscheinenden deutsch-russischen Umweltschutz- und Ökologiewörterbuch, sondern um ein in sich geschlossenes eigenständiges lexikographisches Werk. Der thematische Rahmen des Lexikons erstreckt sich von den Kurznamen der zahlreichen Umweltschutzorganisationen, -gesetze, -verordnungen, Umweltchemikalien bis hin zu den Kurzbezeichnungen der einzelnen Kernkraftwerke und den fachsimplerischen Kürzeln etwa aus dem Bereich der Abfallentsorgung oder Abwasserreinigung.

Die Aufnahme einer erheblichen Anzahl englischsprachiger Abkürzungen entspricht einer Tradition, die sich in der lexikografischen Praxis bereits etabliert hat und einer starken Durchdringung der modernen deutschen wissenschaftlichen Literatur durch die englische Sprache, den englischen Fachwortschatz und die englischsprachigen Realien Rechnung trägt. Deshalb wird das vorliegende Lexikon auch bei der Lektüre englischsprachiger Umwelttexte gute Dienste erweisen können.

ОБ АВТОРЕ

НОВИКОВ Юрий Николаевич (1952): профессиональный переводчик. член Правления Союза переводчиков России, член Российского терминологического общества РоссТерм, автор **Немецко-русского ловаря по охране окружающей среды и экологии (Более 40 000 терминов;** подготовлен к изданию в издательстве «ЭТС», Москва), соавтор русско-немецкого и немецко-русского словаря серии PONS (издательство «Клетт», г. Штутгарт, 1995), участник VI-й Международной конференции по основным вопросам переводоведения в г. Лейпциге 11-13-го сентября 1996 года.

ÜBER DEN AUTOR

Juri NOVIKOV (1952): professioneller Fachübersetzer und Dolmetscher, Vorstandsmitglied am Sprachmittlerverband Rußlands (SPR), Mitglied an der Russischen Terminologischen Gesellschaft (RossTerm). Autor des **Deutsch-russischen Wörterbuches «Umweltschutz und Ökologie» (Über 40.000 Wortstellen.** Druckfertig beim ETS-Verlag Moskau). Mitautor am PONS-Standardwörterbuch Russisch (Klettverlag: 1995), Teilnehmer an der VI. Internationalen Konferenz zu Grundfragen der Übersetzungswissenschaft (Leipzig, 11.-13.09.1996). **e-mail: ego@online.ru**

Применяемые сокращения и грамматико-стилистические пометы
Verwendete Abkürzungen sowie Grammatik- und Stilhinweise

англ. - англоязычный термин *(aus dem Englischen)*
ист. - исторический термин *(напр. для реалий бывшей ГДР)* - *historisch*
ВВЭР - водо-водяной энергетический реактор - *Druckwasserreaktor*
ДИН - *(от нем.* DIN - Deutsche Industrie-Normen) промышленные стандарты ФРГ
напр. - например - *zum Beispiel*
лат. - латинский термин - *aus dem Lateinischen*
нем. - немецкоязычный термин - *deutsche Entsprechung*
нрк. - нерекомендуемый термин - *wird nicht empfohlen*
разг. - разговорное - *umgangssprachlich*
См. - смотри -*Siehe*
См.тж. - смотри также - *Siehe auch, S.a.*
Ср. - сравни - *Vergleiche, Vergl.*
уст. - устарелый термин *или* сокращение - *veraltet*
фр. - французский термин - *aus dem Französischen*
Adj - *(Adjektiv)* прилагательное
Ant. - *(Antonym)* антонимичное слово *или* выражение
Syn. - *(Synonym)* синонимичное слово *или* выражение

A

A [Abfluß, Abfluß-Menge] сток, расход (воды); расход потока

A [Absorptions-Vermögen] поглощающая способность, коэффициент поглощения

A [Jahres-Abfluß] годовой сток, годичный сток, величина годового стока

a [лат. anno] (*нем.* Jahr) год; в год

AA [atmosphärisches Aerosol] атмосферный аэрозоль, атмосферные аэрозоли

AA [Atom-Absorption, Atomabsorptions-Spektralanalyse] атомная абсорбция, атомно-абсорбционный спектральный анализ

aaRdT [allgemein anerkannte Regeln der Technik] общепризнанные технические нормы

AAS [Atomabsorptionsspektrometrie, Atomabsorptions-Spektroskopie, Atomabsorptions-Spektralphotometrie] атомная спектрометрия, атомно-абсорбционная спектрометрия, атомно-абсорбционный спектральный анализ, AAA

ABA [Abwasserbehandlungs-Anlage] (*Syn.* Klär-Anlage, Abwasser-Reinigungsanlage) очистное сооружение, водоочистное сооружение, сооружение для очистки сточных вод

ABB [Abwasser-Bodenbehandlung] (*Syn.* Abwasser-Landbehandlung, Abwasser-Bewässerung) почвенная очистка сточных вод

ABB [Allgemeine Blitzschutz-Bestimmungen] общие положения по молниезащите

ABB [Ausschuß für Blitzableiter-Bau] Комитет по грозозащитным сооружениям, Комитет по строительству громоотводов *(ФРГ)*

AbfBattV [Abfallbatterie-Verordnung] Распоряжение о порядке обезвреживания и утилизации старых аккумуляторов и батарей

AbfBestV [Abfallbestimmungs-Verordnung] Распоряжение о порядке выявления отходов

AbfG [Abfall-Gesetz, Gesetz über die Vermeidung und Entsorgung von Abfällen] (*Syn.* Abfallbeseitigungs-Gesetz) Закон об отходах, Закон об удалении отходов, Закон о предупреждении образования и удалении отходов *(ФРГ)*

AbfKlärV [Abfallklärschlamm-Verordnung] (*Syn.* Klärschlamm-Verordnung) Распоряжение о порядке удаления и утилизации осадка сточных вод, Постановление об утилизации осадков сточных вод

AbfNachwV [Abfallnachweis-Verordnung] Распоряжение о порядке выявления и учёта отходов

AbfRestüberwV [Abfallrest-überwachungs-Verordnung, Abfall- und Reststoff-überwachungs-Verordnung] Распоряжение о порядке контроля за отходами и остатками материалов

AbfVerbV [Abfallverbrennungs-Verordnung] Распоряжение о порядке сжигания отходов

ABN [Arbeits-Gemeinschaft Deutscher Beauftragter für Natur-Schutz und Landschafts-Pflege e.V.] Объединение немецких инспекторов по охране природы и ландшафтов

ABRA [Abteilung Behandlung Radioaktiver Abfälle] отдел по обработке радиоактивных отходов *(в Центре ядерных исследований, г. Карлсруэ)*

A-B-Verfahren *n* [Adsorptions- und Belebungs-Verfahren] комбинированный способ очистки сточных вод с использованием адсорбции и активного ила

AbwAG, AbWAG [Abwasserabgaben-Gesetz, Gesetz über Abgaben für das Einleiten von Abwasser in Gewässer] Закон о плате за сброс сточных вод, Закон о платежах за сброс сточных вод *(ФРГ)*

AbwHerkV [Abwasserherkunfts-Verordnung] Распоряжение о порядке определения источника выброса сточных вод

AbwVwv [Abwasser-Verwaltungsvorschrift] инструкция по порядку отведения и очистки сточных вод; нормативно-правовой акт по сточным водам

ACHEMA [Ausstellung Chemischer Apparate] Выставка химического оборудования АХЕМА *(Франкфурт-на-Майне)*

ACZ [Agrochemisches Zentrum] агрохимический центр, центр химизации сельского хозяйства

AD [Arbeits-Gemeinschaft Druck-Behälter] Объединение по напорным резервуарам

AD [Aufsichts-Dienst] служба надзора

ADAC [Allgemeiner Deutscher Automobil-Club e.V.] Германский клуб автомобилистов, Клуб автомобилистов ФРГ

ADB [Abteilung Dekontaminations-Betrieb] отдел работ по дезактивации *(в Центре ядерных исследований, г. Карлсруэ)*

ADFC [Allgemeiner Deutscher Fahrradclub e.V.] Германский клуб велосипедистов, Клуб велосипедистов ФРГ

ADI [Acceptable Daily Intake] (*Syn.* No-Effect-Level, Permitted Level] (*нем.* ADI-Wert, akzeptable tägliche Aufnahme, annehmbare tägliche Dosis, duldbare tägliche Aufnahme) ежедневно допустимая доза, предельно допустимая суточная доза

ADL [Arbeits-Kreis der Landschafts-Anwälte] объединение защитников ландшафта, рабочая группа по защите ландшафта *(ФРГ)*

ADNR [überwachung des Transportes und Umschlages gefährlicher Güter auf dem Wasser-Wege] контроль за транспортировкой и перевалкой опасных грузов водным путем

AE [Analogie-Eingabe] аналоговый ввод *(в ВМ системы защиты реактора)*

AE [Atom-Energie] атомная энергия

AE [äußere Einwirkung] внешнее воздействие

AEC [*англ.* Atomic Energy Commission] (*Syn.* AEK, USAEC) Комиссия по атомной энергии, Комиссия по вопросам использования атомной энергии *(США)*, Комиссия США по ядерной энергетике

AEI [Atomenergie-Institut «Kurtschatow»] Институт атомной энергии имени И.В.Курчатова, ИАЭ РАН

AEK [Atomenergie-Kommission] (*Syn.* AEC) Комиссия по атомной энергии

AES [Atomemissions-Spektralanalyse] эмиссионный атомный спектральный анализ, эмиссионный АСА

AEW [Eidgenössisches Amt für Energie-Wirtschaft] Ведомство по энергетике *(Швейцария)*

AF [Anwendungs-Faktor, Appikations-Faktor] коэффициент вида нагрузки (*англ.* application factor)

AFA, AfA [Arbeits-Gemeinschaft für Abfall-Wirtschaft] Объединение по использованию и переработке отходов

AFAS [Abteilung für Angewandte System-Analyse] отдел прикладного системного анализа *(в Центре ядерных исследований, г. Карлсруэ)*

AFK [Arbeits-Gemeinschaft für Kern-Technik] Объединение по ядерным технологиям *(ФРГ)*

AFK [asbestfaserverstärkter Kunst-Stoff] пластик, армированный асбестоволокном

AfW [Amt für Wasser-Wirtschaft] водохозяйственная служба

AGA [Ausschuß für gefährliche Arbeits-Stoffe] Комиссия по опасным производственным веществам *(при министре ФРГ по труду и социальному порядку)*

AGF [Arbeits-Gemeinschaft der Groß-Forschungseinrichtungen] Объединение крупных исследовательских центров, Комитет по координации крупных научно-исследовательских работ

AGL [Arbeits-Gemeinschaft für Landschafts-Entwicklung] Объединение по развитию природных ландшафтов

AGR [Abgas-Rückführung] рециклирование выхлопных газов *(в карбюраторных или дизельных двигателях)*, рециркуляция отработавших газов

AGS [Auschuß für Gefahr-Stoffe] *(Syn.* AGA) комиссия по опасным производственным веществам

AGU [Arbeits-Gemeinschaft für Umwelt-Fragen e.V., Arbeits-Gemeinschaft Umwelt] Комиссия по вопросам окружающей среды *(ФРГ)*

AGV [Arbeits-Gemeinschaft der Verbraucher e.V.] Объединение потребителей по защите своих интересов

AGöF [Arbeits-Gemeinschaft ökologischer Forschungs-Institute] Объединение экологических научно-исследовательских институтов

AH [Abstands-Halter] дистанционный упор *(у твэлов ядерных реакторов)*

AHA [Abwasser-Hebeanlage] устройство для подъёма сточных вод; сифонная установка для сброса сточных вод

AHBSTR [Allgemeine Versicherungs-Bedingungen für die Haft-Pflichtversicherung von genehmigter Tätigkeit mit Kern-Brennstoffen und sonstigen radioaktiven Stoffen außerhalb von Atom-Anlagen] Общие условия страхования для обязательного страхования разрешённой деятельности с ядерным топливом и прочими радиоактивными материалами за пределами атомных установок *(ФРГ)*

AICB [*фр.* Assoziation Internationale Contre le Bruit] *(нем.* Internationale Vereinigung gegen den Lärm) Международное объединение по борьбе с шумом

AID [Auswertungs- und Informations-Dienst] аналитико-информационная служба, аналитико-информационный центр

AIDS, Aids [*англ.* Acquired Immune Deficiency Syndrome] *(Syn.* Aids-Krankheit, erworbenes Immunschwäche-Syndrom, Immunschwächen-Krankheit) СПИД, спид, синдром (приобретённого) иммунодефицита

AIF [Arbeits-Gemeinschaft Industrieller Forschungs-Einrichtungen] Объединение промышленных научно-исследовательских центров *(ФРГ)*

AK [Anti-Körper] антитело

AK [Arbeits-Kreis] рабочая группа; секция (на конференции)

AK [Arbeitsplatz-Konzentration] концентрация вредных веществ в воздухе рабочей зоны; ПДК для рабочей зоны

AK [Austausch-Kapazität] обменная ёмкость, обменная способность

AKI [Arbeits-Kreis Inkorporations-überwachung] рабочая группа по контролю за поступлением радионуклидов в организм *(Объединение по радиационной защите, Швейцария)*

AKS [Ausschuß «Kern-Technik und Strahlen-Schutz»] Комитет по ядерным технологиям и радиационной защите *(при Эссенском обществе технадзора, ФРГ*

AKUT [Abtrennung von Aerosolen, Krypton und Tritium] выделение аэрозолей, криптона и трития *(из отработанных газов установок по переработке ядерного топлива)*

AKW [Arbeits-Kreis Wild-Biologie und Jagd-Wissenschaft an der Justus-Liebig-Universität Gießen e.V.] рабочая группа по биологии диких животных и охотоведению при Гисенском университете имени Юстуса Либига

AKW [Atom-Kraftwerk] (*Syn.* Kern-Kraftwerk, nukleares Kraft-Werk) атомная электростанция, АЭС

ALARA [*англ.* «As Low As Reasonably Achievable»] (*нем.* nur eine so geringe Belastung zuzulassen, wie es unter vernünftigem Einsatz erreicht werden kann) допускать лишь столь малый уровень вредного воздействия, насколько возможно добиться разумными средствами; на столь низком уровне, какой только может быть разумно достигнут

AltölV [Altöl-Verordnung] Распоряжение о порядке удаления отработавших масел

ALUVOGEL [Aktuelle Liste umweltrelevanter Vorschriften, Gerichtsentscheidungen und Literatur] Актуальный список экологически значимых предписаний, судебных решений и литературы

AMG [Arzneimittel-Gesetz] Закон о лекарственных препаратах; Закон об обращении с лекарствами

AMK [Antimanipulations-Katalog] Перечень неразрешённых переделок для владельцев личных транспортных средств *(ФРГ)*

ANOG [Arbeits-Gemeinschaft Naturnaher Obst-, Gemüse- und Feldfrucht-Anbau; Arbeits-Gemeinschaft für naturnahen Obst- und Gemüse-Anbau] Объединение по выращиванию овощей и фруктов без использования пестицидов и химических удобрений (*Напр.* **ANOG-Erzeuger** *m* производители биологически чистых овощей и фруктов; производители, входящие в объединение ANOG, **ANOG-Landbau** *m* система земледелия без использования пестицидов и химических удобрений)

ANP [Arbeits-Gemeinschaft Nukleare Prozeß-Wärme] Объединение по утилизации тепла, выделяющегося при ядерных процессах *(ФРГ)*

ANS [Arbeits-Kreis für Nutzbarmachung von Siedlungs-Abfällen e.V., Arbeits-Kreis zur Nutzbarmachung von Siedlungs-Abfällen] рабочая группа по утилизации отходов населённых мест

ANS [*англ.* American Nuclear Society] (*нем.* Amerikanische Nuklear-Gesellschaft) Американское ядерное общество

ANT [Ausschuß Normungs-Technik] Комитет по нормированию и стандартизации, Комитет по стандартам

Anw. [Anwendung] применение *(напр. пестицидов)*

Anz. [Anzahl] число; численность

AONB [*англ.* Area of Outstanding Natural Beauty] (*нем.* LSG, Landschafts-Schutzgebiet) природный заказник

AOX [adsorbierbare organische Halogen-Verbindungen] (*Syn.* absorbierbare organisch gebundene Halogene) адсорбируемые галогеносодержащие органические соединения, поглощаемые органо-галогенные соединения (*Напр.* **AOX-Verfahren** *npl* технологии с использованием поглощаемых органо-галогенных соединений, **AOX-Wert** *m* показатель загрязнённости воды поглощаемыми органо-галогенными соединениями)

ARA [Abwasserreinigungs-Anlage] (*Syn.* Klär-Anlage) установка очистки сточных вод, очистное сооружение, водоочистное сооружение; водоочистная установка; станция очистки сточных вод

ArbStoffV [Arbeitsstoff-Verordnung, Verordnung über gefährliche Arbeits-Stoffe] Распоряжение о веществах производственного назначения

ArbStättV [Arbeitsstätten-Verordnung, Veordnung über Arbeits-Stätten] Распоряжение о максимально допустимых концентрациях вредных веществ для производственных помещений

ARE [Arbeits-Gemeinschaft der Regionalen Elektrizitäts-Versorgungsunternehmen in der BR Deutschland] Объединение региональных фирм энергоснабжения ФРГ

ARGE [Arbeits-Gemeinschaft] (временное) объединение, ассоциация; рабочая группа; комиссия

ARGE Elbe [Arbeits-Gemeinschaft der Länder zur Reinhaltung der Elbe] Межземельная рабочая группа по поддержанию чистоты Эльбы

ARGE Weser [Arbeits-Gemeinschaft der Länder zur Reinhaltung der Weser] Межземельная рабочая группа по поддержанию чистоты р. Везер

ARGE Rhein [Arbeits-Gemeinschaft der Länder zur Reinhaltung des Rheins] Межземельная рабочая группа по поддержанию чистоты Рейна

As [Arsen] мышьяк, As

AS [aktive Substanz] действующее вещество

ASA [angewandte System-Analyse] прикладной системный анализ

ASA [Arbeits-Gemeinschaft zum Schutz der Aare] Объединение по защите от загрязнения бассейна реки Ааре *(Швейцария)*

ASAO [Arbeitsschutz-Anordnung] распоряжение по технике безопасности; распоряжение по охране труда

ASE [Arbeits-Gemeinschaft Solar-Energie Essen] Объединение по гелиоэнергетике *(г. Эссен, ФРГ)*

ASID [Arbeits-Gemeinschaft für die Erforschung und Anwendung stabiler Isotope] Объединение по изучению и применению стабильных изотопов *(ФРГ)*

ASK [Arbeitsschutz-Kommission] комиссия по вопросам охраны труда

ASKB [Allgemeine Bedingungen für die Sach- Versicherung gegen Kernenergie- und Feuer-Schäden] общие условия материального страхования от ущерба, связанного с атомной энергией и огнём

As O [Arsenik] «белый мышьяк», мышьяковистый ангидрит, сесквиоксид мышьяка

ASR [Arbeitsstätten-Richtlinien] нормативные акты для производственных помещений

ASS [Abteilung Strahlen-Schutz und Sicherheit] отдел радиационной защиты и безопасности *(в Центре ядерных исследований, г. Карлсруэ, ФРГ)*

ASU [Abgas-Sonderuntersuchung] *(Syn.* Abgas-Test, Abgas-Untersuchung, AU) проверка (автомобилей) на токсичность выбросов

ASV [Atomwaffen-Sperrvertrag] Договор о нераспространении ядерного оружия

ASVO [Arbeitsschutz-Verordnung] Постановление об охране труда

AtAnlV [Atomrechtliche Anlagen-Verordnung] Распоряжение атомного права по эксплуатации установок

AtAnVo [Atomanlagen-Verordnung] Распоряжение по атомным установкам

AtBauV [Atomrechtliche Bauartprüfungs-Verordnung] Распоряжение атомного права по испытанию конструкций

AtDeckV [Atomrechtliche Deckungsvorsorge-Verordnung] (*Syn.* DVVO) Распоряжение атомного права о порядке резервирования средств на случай возникновения ущерба

AtG [Atom-Gesetz, Bundes-Gesetz über die friedliche Verwendung der Atom-Energie und den Strahlen-Schutz, Gesetz über die friedliche Verwendung der Kern-Energie und den Schutz gegen ihre Gefahren] Закон об использовании атомной энергии в мирных целях

AtG [Atom-Gewicht] атомный вес

AtHaftV [Atomrechtliche Verordnung über haftungsrechtliche Ausnahmen] Распоряжение атомного права об исключениях в установленной ответственности

AtKostV [Atomrechtliche Kosten-Verordnung] Распоряжение атомного права о распределении затрат

atm [Atmosphäre] атмосфера, атм *(внесистемная единица давления)*

AtMeldeV [Atomrechtliche Meldepflicht-Verordnung] Распоряжение атомного права об обязательном уведомлении

AtSachV [Atomrechtliche Sachverständigen-Verordnung] Распоряжение атомного права о деятельности экспертов

AtSichV [Atomrechtliche Sicherungs-Verordnung] Распоряжение об атомной безопасности

ATV [Abwassertechnische Vereinigung e.V.] научно-техническое объединение специалистов по очистке сточных вод *(ФРГ)*

AtVfV [Atomrechtliche Verfahrens-Verordnung] Распоряжение о регулировании использования технологий в рамках атомного права, Распоряжение об атомных технологиях

AtVorfV [Atomrechtliche Komponentenvorfertigungs-Verordnung] Распоряжение атомного права о порядке предварительного изготовления компонентов

atw [Atomwirtschaft-Atomtechnik] «Атомное хозяйство и атомная технология» *(журнал)*

AU [Abgas-Untersuchung] (*Syn.* Abgas-Test, Abgas-Sonderuntersuchung, ASU) проверка (автомашин) на наличие вредных веществ в выхлопных газах, проверка токсичности выхлопных газов (автомобилей), проверка токсичности отработавших газов

AVV [Allgemeine Verwaltungs-Vorschriften] общие административные предписания

AVW [Abteilung Versorgungs-Betriebe und Werkstätten] отдел предприятий снабжения и мастерских *(в Центре ядерных исследований, г. Карлсруэ)*

AW [Abwasser] сточные воды; неочищенные стоки (*Ср.* **KW**)

AWIDAT [Abfallwirtschafts-Datenbank] Банк данных по удалению и обезвреживанию отходов, Банк данных по обезвреживанию и утилизации отходов

AWP [Abfallwirtschafts-Programm]) программа по удалению и обезвреживанию отходов, программа по обезвреживанию и утилизации отходов

AWT [Abwasser-Wärmetechnik GmbH] АВТ - Общество по технологиям очистки сточных вод и теплотехнике

AWT [Ausschuß für Wissenschaftliche und Technische Forschung] Комитет научных и технических исследований *(ЕС)*

AWTF *См.* **AWT**

AWTID [Ausschuss für Wissenschaftlich-Technische Information und Dokumentation] Комитет научно-технической информации и документации *(ЕС)*

AZ [Adsorbtions-Zahl] коэффициент адсорбции

AZ [Alkalinitäts-Zahl] показатель щёлочности, содержание щёлочи, щёлочность

AZ [Asbest-Zement] асбесто-цемент

AZV [Abwasser-Zweckverband] целевое объединение по очистке и отведению сточных вод

B

B [Baum-Schule] лесопитомник; древесный питомник

B [Bel] бел, Б

BR [Raum-Belastung] удельная объёмная нагрузка (на водоочистные сооружения)

BTS [Schlamm-Abbauleistung/Trocken-Substanz] эффективность задержания сухого вещества *(напр. на центрифуге)*

BTS [Schlamm-Belastung/Trocken-Substanz, kg/(kg-d)] нагрузка на сухое вещество активного ила, иловая нагрузка в пересчёте на сухое вещество, кг/(кг-сут)

BAK [Blut-Alkohol-Konzentration] содержание алкоголя в крови

BAM [Bundes-Anstalt für Material-Prüfung Berlin, Bundes-Anstalt für Material-Forschung und -prüfung] Федеральное ведомство по испытанию материалов, Федеральное ведомство по исследованию и испытанию материалов

BAQ [Bundes-Anstalt für Qualitäts-Forschung] Федеральное ведомство по исследованиям в области качества

BArtSchG [Bundes-Artenschutz-Gesetz] Федеральный закон об охране видов

BArtSchV [Bundes-Artenschutz-Verordnung] *(Syn.* BAschV) Федеральное постановление об охране видов

BAschV *См.* **BArtSchV**

BASF [Badische Anilin- und Sodafabrik] концерн БАСФ (Баденские анилиново-содовые предприятия)

BAT [Biologische Arbeitsstoff-Toleranz] *(Syn.* BAT-Wert, Biologischer Arbeitsstoff-Toleranz-Wert, BLTV) показатель биологической толерантности

BAU [Bundes-Anstalt für Arbeits-Schutz] Федеральный центр охраны труда *(г. Дортмунд)*

BAU [Bundes-Anstalt für Arbeits-Schutz und Umwelt-Forschung] Федеральный центр охраны труда и экологических исследований

BAU [Bundes-Anstalt für Arbeits-Schutz und Unfall-Forschung] Федеральное ведомство по охране труда и изучению несчастных случаев

BAU [Gewerkschaft Bau, Agrar, Umwelt] профсоюз работников, занятых в строительстве, аграрном секторе и природоохранной отрасли

BAW [Bundes-Anstalt für Wasserbau] Федеральное ведомство по гидротехническому строительству

BB [Belebtschlamm-Becken, Belebungs-Becken, Belüftungs-Becken] *(Syn.* Belebungs-Anlage) аэротенк; аэрационный бассейн

BBA [Biologische Bundes-Anstalt für Land- und Forst-Wirtschaft] Федеральный биологический центр по вопросам сельского и лесного хозяйства *(ФРГ)*

BBauG [Bundes-Baugesetz] Федеральный строительный закон, Федеральный закон о строительстве

BBU [Bundes-Verband Bürger-Initiativen Umweltschutz e.V] (Bundes-Verband der Bürgerinitiativen für Umwelt-Schutz) *(Ср.* Landes-Verbände Bürgerinitiativen Umweltschutz) Федеральный союз «Общественные инициативы по охране окружающей среды»

BBV [Betriebsbereitschafts-Verlust] утрата эксплуатационной готовности; переход в нерабочее состояние

BdB [Bund deutscher Baum-Schulen] Союз немецких лесопитомников

BDE [Bundes-Verband der Deutschen Entsorgungs-Wirtschaft] Федеральный союз немецкой промышленности по обезвреживанию и удалению отходов

BDI [Bundes-Verband der Deutschen Industrie] Федеральное объединение немецких промышленников

BDL [biologisch-dynamische Land-Wirtschaft] биолого-динамическая система земледелия по Рудольфу Штайнеру *(Австрия, 1924)*

BDLA [Bund deutscher Landschafts-Architekten] Немецкий союз ландшафтных архитекторов *(т.е. архитекторов садово-паркового строительства)*

BDW [biologisch-dynamische Wirtschafts-Weise] биолого-динамическая система ведения хозяйства

Be [Beryllium] бериллий, Be

BE [Brenn-Elemente] твэлы, тепловыделяющие элементы

BEF [Bundes-Anstalt für Ernährung und Forst-Wirtschaft] Федеральное ведомство по вопросам продовольствия и лесного хозяйства

beh. [behandelt] обработанный; очищенный

BEM [Bundes-Ernährungsministerium] Федеральное министерство по вопросам продовольствия

BESSY [Brennelement-Schutzsystem im Kugelhaufen-Reaktor] система защиты топливных кассет *(в реакторе с активной зоной в виде микротвэлов)*

Bev. [Bevölkerung] население

BfA [Bundes-Anstalt für Arbeit] Федеральное ведомство по труду

BFANL [Bundes-Forschungsanstalt für Natur-Schutz und Landschafts-ökologie] *(Syn.* DfANL) Федеральный исследовательский центр охраны природы и экологии ландшафтов *(ФРГ)*

BfG [Betriebs-Beauftragter für Gewässer-Schutz] ответственный на предприятии за вопросы охраны вод от загрязнения

BfG [Bundes-Anstalt für Gewässer-Kunde] Федеральный гидрологический центр, Федеральный лимнологический центр; Федеральное ведомство по гидрологии

BFLR, BfLR [Forschungsanstalt für Landes-Kunde und Raum-Ordnung, Bundes-Anstalt für Landes-Kunde und Raum-Ordnung] Федеральный исследовательский центр по страноведению и территориальному планированию, Федеральный институт по страноведению и районной планировке *(ФРГ)*

BfS [Bundes-Amt für Strahlen-Schutz] Федеральное ведомство по защите от излучений, Федеральное ведомство радиационной защиты *(с 1989 г. , штаб-квартира в г. Зальцгиттер, ФРГ)*

BfW [Bundes-Minister für Wirtschaft] Федеральный министр экономики

BfW [Bundes-Ministerium für Wirtschaft] Федеральное министерство экономики

BGA [Bundes-Gesundheitsamt] Федеральное ведомство здравоохранения

BGBl [Bundes-Gesetzblatt] Федеральный вестник законов, Вестник законов ФРГ

BGL [Bundes-Verband Garten-, Landschafts- und Sportplatz-Bau] Федеральный союз садово-парковой и ландшафтной архитектуры и строительства спортивных сооружений, Федеральный союз по садоводству, организации ландшафта и строительству спортивных сооружений

BGR [Bundes-Anstalt für Geo-Wissenschaften und Roh-Stoffe] Федеральное ведомство по наукам о земле и по сырьевым ресурсам

BGW [Bundes-Verband der deutschen Gas- und Wasser-Wirtschaft e.V.] Федеральный союз немецкого газового и водного хозяйства

BHA [Butyl-Hydroxy-Anysol] бутилгидроксианизол

BHC [Benzol-Hexa-Chlorid] гексахлорбензол

BHKW [Block-Heiz-Kraftwerk] блочная теплоэлектроцентраль, блочная ТЭЦ; коммунальный энергоблок, используемый для выработки электроэнергии и теплоснабжения

BHT [Butyl-Hydroxy-Toluol] бутилгидрокситолуол

BI [Bürger-Initiative] общественное движение, инициатива граждан, гражданская инициатива (*Напр.* **BI-Sprecher** *m* официальный представитель гражданской инициативы)

BIBIDAT [Trinkwasser-Datenbank des Bundes-Gesundheits-Amtes, Daten-Bank über Trinkwasser-Qualität, Daten-Bank überwachung der Trinkwasser-Qualität] Банк данных контроля за качеством пищевой воды

BImSchG [Bundes-Immissionsschutzgesetz, Gesetz zum Schutz vor schädlichen Umwelt-Einwirkungen durch Luft-Verunreinigungen, Geräusche, Erschütterungen und ähnliche Vorgänge] Федеральный закон о защите окружающей среды от вредных воздействий; Федеральный закон о защите окружающей среды от вредного воздействия атмосферных загрязнений, шума, вибрации и других аналогичных факторов

BIOLAND [organisch-biologischer Anbau] органико-биологическая система земледелия

BJagdG, BJG [Bundes-Jagdgesetz] Федеральный закон об охоте; Федеральный закон об ограничении охоты *(ФРГ)*

BK [Belüftungs-Kreisel] центробежный аэратор

BK [Berufs-Krankheit] *(Syn.* berufsbedingte Erkrankung, berufsspezifische Erkrankung) профессиональная болезнь, профессиональная патология, профессиональное заболевание, профзаболевание

BKF [Bio-Konzentrations-Faktor] *(Syn.* Bio-Akkumulations-Faktor, Akkumulations-Faktor, Anreicherungs-Faktor) коэффициент биоаккумуляции

BKL [Brennstoff-KreisLauf] ядерный топливный цикл, ЯТЦ

BLAK [Bund/Länder-Arbeitskreis Umwelt-Informationssysteme] Совместная рабочая группа федерации и земель по экологическим информационным системам

BLAU [Bund/Länder-Arbeitsgemeinschaft Umwelt-Chemikalien] Совместное объединение федерации и земель по изучению экотоксичных веществ

BLAU [Bund/Länder-Ausschuß für Umwelt-Chemikalien] Совместный комитет федерации и земель по изучению экотоксичных веществ

BLTV [*англ.* Biological Limit Threshold Value] *(нем.* BAT-Wert, Biologische Arbeitsstoff-Toleranz) показатель биологической толерантности

BMA [Bundes-Minister für Arbeit und Sozial-Ordnung] Федеральный министр по труду и социальному устройству

BMA [Bundes-Ministerium für Arbeit uns Sozial-Ordnung] Федеральное министерство по труду и социальному устройству

BMAt [Bundes-Minister für Atomkern-Energie und Wasser-Wirtschaft] Федеральный министр энергии атомного ядра и водного хозяйства

BMBau [Bundes-Minister für Raum-Ordnung, Bau-Wesen und Städte-Bau] Федеральный министр районной планировки, строительства и градостроительства

BMBau [Bundes-Ministerium für Raum-Ordnung, Bau-Wesen und Städte-Bau] Федеральное министерство районной планировки, строительства и градостроительства

BMELF [Bundes-Ministerium für Ernährung, Landwirtschaft und Forsten] *(Syn.* BML) Федеральное министерство продовольствия, сельского и лесного хозяйства; Министерство продовольствия, сельского хозяйства и лесоводства *(ФРГ)*

BMFT [Bundes-Minister für Forschung und Technologie] Федеральный министр науки и технологии

BMFT [Bundes-Ministerium für Forschung und Technologie] Федеральное министерство науки и технологии

BMI [Bundes-Minister des Inneren] Федеральный министр внутренних дел

BMI [Bundes-Ministerium des Inneren] Федеральное министерство внутренних дел

BMJFG [Bundes-Minister für Jugend, Familie, Frauen und Gesundheit] Федеральный министр по делам молодёжи, семьи и женщин и здравоохранению

BMJFG [Bundes-Ministerium für Jugend, Familie, Frauen und Gesundheit] Федеральное министерство по делам молодёжи, семьи и женщин и здравоохранению

BML [Bundes-Ministerium für Land-Wirtschaft] (*Syn.* BMELF) Федеральное министерство сельского хозяйства; Федеральное министерство продовольствия, сельского и лесного хозяйства *(ФРГ)*

BMU [Bauer und Mourik Umwelt-Technik GmbH & Co] фирма природоохранных технологий «Бауэр и Мурик»

BMU [Bundes-Minister für Umwelt, Natur-Schutz und Reaktor-Sicherheit] Федеральный министр по экологии, охране природы и безопасности ядерных реакторов

BMU [Bundes-Ministerium für Umwelt, Natur-Schutz und Reaktor-Sicherheit] (*Syn.* Bundes-Umweltministerium) Федеральное министерство по экологии, охране природы и безопасности ядерных реакторов

BMV [Bundes-Minister für Verkehr] Федеральный министр транспорта

BMV [Bundes-Ministerium für Verkehr] Федеральное министерство транспорта

BMWF [Bundes-Minister für Wissenschaftliche Forschung] Федеральный министр научных исследований

BMWi [Bundes-Minister für Wirtschaft] Федеральный министр экономики

BMWi [Bundes-Ministerium für Wirtschaft] Федеральное министерство экономики

BMZ [Bundes-Minister für wirtschaftliche Zusammenarbeit] Федеральный министр по экономическому сотрудничеству

BMZ [Bundes-Ministerium für wirtschaftliche Zusammenarbeit] Федеральное министерство по экономическому сотрудничеству

BN [Bund Natur-Schutz, Bund Natur-Schutz in Bayern e.V] Баварский союз охраны природы *(ФРГ)*

BNATSchG,BNatSchG [Bundes-Naturschutz-Gesetz, Gesetz über Natur-Schutz und Landschafts-Pflege, Naturschutz-Gesetz] Федеральный закон об охране природы *(ФРГ)*

BNID [Bundes-Verband der Nichtraucher-Initiativen Deutschland] Федеральный союз инициативных групп некурящих

BNJ [Bund Natur-Schutz - Jugend-Organisation] Молодёжная организация Союза охраны природы

BOD [*англ.* Biochemical Oxygen Demand] (*нем.* biochemischer Sauerstoff-Bedarf, BSB) биохимическая потребность в кислороде, БПК

BPS [Bundes-Verband Sonderabfall-Wirtschaft e.V.] (*Syn.* Bundes-Verband Privater Sonderabfall-Beseitiger und Rückstands-Verwerter) Федеральный союз частных предприятий по удалению и утилизации опасных отходов *(ФРГ)*

Bq [Becquerel] беккерель, БК *(единица СИ активности изотопа)*

BR [Bundes-Republik Deutschland] Федеративная Республика Германия

BRAM [Brenn-Stoff aus Müll, Brenn-Stoffe aus Müll] (*Syn.* Abfall-Brennstoffe, Brenn-Stoffe aus Abfällen) топливо из отходов (*Напр.* **BRAM-Anlage** *f* установка для получения топлива из отходов, **BRAM-Briketts** *npl* топливные брикеты из отходов, **BRAM-Erzeugung** *f*, **BRAM-Herstellung** *f* изготовление топлива из отходов, получение топлива из отходов, использование отходов в качестве биотоплива, **BRAM-Pellets** *npl* гранулированное топливо из отходов, **BRAM-Verbrennung** *f* использование топлива, полученного из отходов; сжигание топлива из отходов)

BSAO [Brandschutz-Anordnung] Распоряжение по противопожарной защите; Инструкция по противопожарной защите

BSB [biologischer Sauerstoff-Bedarf, biochemischer Sauerstoff-Bedarf] биологическая потребность в кислороде, биохимическая потребность в кислороде, БПК *(единица измерения биологически разлагаемых загрязнений)* Ср. **CSB**

BSB5 [biologischer Sauerstoff-Bedarf in 5 Tagen, biochemischer Sauerstoff-Bedarf nach 5 Tagen] биологическая потребность в кислороде после 5 дней, БПК5, г/л (*Напр.* **BSB5-Ablauf** *m* загрязнения по БПК5 в осветлённой сточной жидкости, слив БПК5, мг/л02 (*напр. биофильтра)*, **BSB5-Abnahme** *f* снижение БПК5, убыль БПК5, **BSB5-Elimination** *f* эффект очистки по БПК5 *(%)*, **BSB5-Fracht** *f*, **BSB5-Last** *f* нагрузка по БПК5 *(напр. на очистные сооружения))*

BSE [Bundes-Verband Solar-Energie e.V.] Федеральный союз по гелиоэнергетике

BSE [*англ.* Bovine Spongioforme Encephalopathy] (*нем.* Rinder-Seuche, Rinder-Wahnsinn) бешенство коров, коровье бешенство, спонгиозная энцефалопатия коров (*Напр.* **BSE-Fall** *m вет.* зарегистрированный случай заражения коровьим бешенством)

BSeuchG [Bundes-Seuchengesetz] Федеральный закон о борьбе с эпидемиями; Федеральный закон о мерах по предупреждению и борьбе с инфекционными заболеваниями человека

BSH [Biologische Schutz-Gemeinschaft Hunte-Weser-Ems] Объединение биологов по защите бассейна рек Хунте, Везер и Эмс

BSR [Berliner Stadtreinigungs-Betriebe] фирма «Берлинские предприятия по санитарной очистке»

BTA [Blei-Tetra-äthyl] (*Syn.* TEL) тетраэтилсвинец, Pb(C2H5)4

Btm [Betäubungs-Mittel] (*Syn.* Drogen, Sucht-Mittel) наркотические средства; средства, используемые для наркоза; наркотики

BTX [alle Kohlen-Wasserstoffe, Benzol, Toluol etc] все углеводороды, бензол, толуол и т.д.

BU [Bauen für den Umwelt-Schutz] «Строительство ради экологии» (*Напр.* **BU-Siegel der überwachungs-Gemeinschaft «Bauen für den Umwelt-Schutz»** знак качества, присуждаемый Контрольной ассоциацией «Строительство ради экологии» фирмам, строящим природоохранные объекты)

BUA [Berater-Gremium für umweltrelevante Alt-Stoffe] совещательный орган по экологически значимым вторичным материалам, институт консультантов по экологически значимым вторично используемым материалам

BUA [Bundes-Umweltamt] (*Syn.* Umwelt-Bundesamt) Федеральное ведомство экологии (*ФРГ*)

BUND, B.U.N.D. [Bund für Umwelt und Natur-Schutz Deutschland e.V., Bund Umwelt- und Natur-Schutz Deutschland] Немецкий союз охраны окружающей среды и природы (*ФРГ*)

BUWAL [Bundes-Amt für Umwelt, Wald und Landschaft] Федеральное ведомство по экологии, лесам и ландшафтам (*Швейцария*)

BVAB [Bundes-Verband Altlasten-Betroffener e.V.] Федеральный союз пострадавших от остаточного загрязнения территорий

BVM [Boden-Verbesserungsmittel] мелиоранты (почв)

BVö [Bundes-Verband ökologie e.V.] Федеральный союз экологии

BW [Belastungs-Wert] показатель загрязнённости; коэффициент вредного воздействия

B-Waffen *fpl* [biologische Waffen] биологическое оружие

BWaldG [Bundes-Waldgesetz, Gesetz zum Erhalt des Waldes und zur Förderung der Forst-Wirtschaft] Федеральный закон о сохранении леса и развитии лесного хозяйства, Федеральный закон о лесах, Федеральный лесной закон

BWildSchV [Bundes-Wildschutz-Verordnung] Федеральное распоряжение об охране дичи

BWR [*англ.* Boiling Water Reactor] (*нем.* SWR, Siedewasser-Reaktor) водо-водяной кипящий реактор, реактор с кипящей водой, водо-водяной реактор кипящего типа

BZ [Besiedlungs-Zahl] коэффициент населённости

BzBIG [Benzin-Blei-Gesetz, Gesetz zur Verminderung der/von Luft-Verunreinigungen durch Blei-Verbindungen in Kraft-Stoffen für Otto-Fahrzeugmotoren, Benzin-Gesetz] Федеральный закон об ограничении содержания свинца в бензине, Закон о допустимом содержании свинца в бензине; Федеральный закон о снижении загрязнения атмосферы соединениями свинца при эксплуатации карбюраторных двигателей автомобилей

C

C [Coulomb] кулон, Кл *(единица дозы излучения)*

C [Kohlen-Stoff] углерод, C

C [*англ.* concentration] (*нем.* Konzentration, K) концентрация, содержание

C/N-Verhältnis *n* отношение C/N, отношение углерода к азоту, соотношение углерода и азота

C4H7Cl2O4P [Dichlorvos, DDVP] дихлорофос *(инсектицид)*

C6H5OH [Äthanol] этанол, этиловый спирт

C6H6 [Benzol] бензол

CB [chronische Bronchitis] хронический бронхит

CCC [Chlor-Cholin-Chlorid] (*Syn.* Chlor-Mequat-Chlorid) хлорхолинхлорид, хлормекват-хлорид *(регулятор роста растений)*

CCMS [*англ.* Commitee on the Challenges of Modern Society] (*нем.* Umwelt-Ausschuß der NATO) Комитет по насущным требованиям современного общества *(природоохранный комитет НАТО)*

CCPR [*англ.* Codex Committee for Pesticide Residues] (*нем.* Komitee zur weltweiten Festlegung von Toleranzen für Pflanzenschutzmittel-Rückstände auf oder in Ernte-Gütern) Международный комитет по установлению норм на остаточное содержание пестицидов в сельскохозяйстенной продукции

Cd [Cadmium, Kadmium] кадмий, Cd

CERN [*фр.* Conseil/Centre Europèen de Recherches Nuclèares] (*Syn.* EONR) (*нем.* Europäisches Kernforschungs-Zentrum in Genf) Европейский центр ядерных исследований, Европейская организация по ядерным исследованиям

CFC [*англ.* ChlorFluorCarbon] (*нем.* CFK) хлорфторуглероды, ХФУ, фреоны

CFK [Chlor-Fluor-Kohlen-Stoffe, Chlor-Fluor-Kohlenwasserstoffe] (*Syn.* CFC) хлорфторуглероды, ХФУ, фреоны

CH [Kohlen-Wasserstoffe] углеводороды, CH

CH3NCO [Methyl-Iso-Cyanat, MIC] метилизоцианат, МИЦ

CH4 [Methan] метан

ChemG [Chemikalien-Gesetz, Gesetz zum Schutz vor gefährlichen Stoffen] Закон о порядке обращения с вредными веществами *(ФРГ)*

ChUA [Chemisches Untersuchungs-Amt] центр химических исследований; служба химического анализа

CITES [*англ.* Convention on International Trade in Endangered Species of Wild Fauna and Flora] (*нем.* übereinkommen über den Handel mit gefährdeten Arten freilebender Tiere und wildwachsdenen Pflanzen) (*Syn.* WA) Конвенция о международной торговле видами дикой фауны и флоры, находящимися под угрозой исчезновения

CKW, CKWs [Chlor-Kohlenwasserstoffe, chlorierte Kohlen-Wasserstoffe] хлоруглеводороды, хлорированные углеводороды, хлорсодержащие углеводороды

Cl [Chlor] хлор, Cl

CN [Chlor-Acetophenon] (*Syn.* Phenacyl-Chlorid) хлорацетофенон, ХАФ, Си-Эн *(слезоточивый газ)*

CN [Cyanide, Zyanide] цианиды, соли синильной кислоты HCN

CN [Vakuum-Verdampfer] вакуумный выпариватель, вакуумная выпарная установка *(фирмы Dornier GmbH Abwassertechnik)*

CO [Kohlen-Monoxid] оксид углерода, окись углерода, угарный газ, CO (*Напр.* **CO-Meßgeräte** *npl* приборы для определения концентрации окиси углерода, **CO-Warnanlage** *f* установка оповещения о повышенной концентрации углерода)

CO [Kohlen-Dioxid] диоксид углерода, двуокись углерода, углекислый газ, угольный ангидрид, углекислота, CO (*Напр.* **atmosphärisches CO** содержащийся в атмосфере диоксид углерода, **CO -Anstieg** *m* повышение концентрации углекислого газа в атмосфере, парниковый эффект, **CO -Ausstoß** *m* объём выбросов углекислого газа, **CO -Belastung** *f* загрязнение диоксидом углерода, загрязнение угарным газом, **CO -Effekt** *m* парниковый эффект, повышение содержания углекислого газа, **CO -Emissionen** *fpl* выбросы углекислого газа, выбросы двуокиси углерода, **CO -Entfernung** *f* очистка *(газа)* от CO , **CO -Haushalt** *m* углекислотный баланс; содержание углекислого газа в атмосфере,**CO -Hintergrund** *m*, **CO -Hintergrundwerte** *mpl* фоновая концентрация диоксида углерода, **CO^2-Konzentration** *f* концентрация углекислого газа, **CO -Korrosion** *f* углекислотная коррозия, **CO -Messung** *f* определение CO , **CO -Minderung** *f* снижение содержания углекислого газа в атмосфере,[2] ,**CO^2-Problem** *n* проблема парникового эффекта, **CO -Quellen** *fpl* источники образования диоксида углерода, **CO -Strippung** *f* отгонка углекислого газа, **CO -Verursacher** *m* объект, выбрасывающий в атмосферу двуокись углерода; источник выбросов двуокиси углерода)

COD [*англ.* chemical oxygen demand] (*нем.* CSB, CSB-Wert, chemischer Sauerstoff-Bedarf, COD-Wert) химическая потребность в кислороде, ХПК (*Напр.* **COD-Belastung** *f* нагрузка по ХПК, **COD-Wert** *m* значение ХПК, химическая потребность в кислороде)

CONTRAST [Gesellschaft für Abfall-Wirtschaft und angewandte Umwelt-Technologie] КОНТРАСТ - Общество по удалению отходов и прикладным природоохранным технологиям

CPE [chloriertes Poly-Ethylen] (*Syn.* PEC) хлорированный полиэтилен, хлорполиэтилен

Cr [Chrom] хром, Cr

Cs [Cäsium] цезий (*Напр.* **CS 137, 137CS** [Cäsium 137] цезий-137)

CS [o-Chlor-Benzyliden-Malo-Dinitril] о-хлорбензальмалонодинитрил, Си-Эс *(слезоточивый газ)*

CS, CS2 [Schwefel-Kohlenstoff] сероуглерод, дисульфид углерода

CSB [chemischer Sauerstoff-Bedarf, Sauerstoff-Bedarf CSB] chemischer Sauerstoff-Verbrauch (*Syn.* COD) химическая потребность в кислороде, ХПК *(единица измерения химически разлагаемых загрязнений)* (*Напр.* **CSB-Abbau** *m* эффективность распада по ХПК *(кг/сут.)*, **CSB-Abnahme** *f* снижение ХПК *(%)*, **CSB-Reduktion** *f* снижение ХПК) *Ср.* **BSB**

CSB5 [chemischer Sauerstoff-Bedarf in 5 Tagen, chemischer Sauerstoff-Bedarf nach 5 Tagen] химическая потребность в кислороде после 5 дней (ХПК5), г/л (*Напр.* **CSB5-Fracht** нагрузка по ХПК5)

CST [*англ.* Capillary Suction Time] (*нем.* CST-Wert) показатель капиллярной текучести *(осадков)*

Cu [Cuprum] (*Syn.* Kupfer) медь, Cu

Cu [Curie] кюри, Ки, Cu

CPVC [chloriertes Poly-Vinyl-Chlorid] хлорированный поливинилхлорид, перхлорвинил

C-Waffen *fpl* [Chemie-Waffen] химическое оружие

CVS-Test *m* [*англ.* Constanz Volumen Sampler] метод проверки токсичности отработавших газов на базе насоса с постоянным объёмом

D

D [Denitrifikation] денитрификация

D [Deponie] (*Syn.* Deponie-Anlage, Deponie-Platz, Abfall-Deponie. Müll-Deponie) свалка отходов; полигон ТБО

D [Dichte] плотность

D [Diesel-Motor] дизельный двигатель, дизель

D [Differenz der Schall-Pegel zwischen Anregungs- und Empfangs-Raum] разность в уровне звука между помещениями генерирования и приёма звука

D [Dosis] (*Syn.* d, Dos, Strahlen-Dosis, Strahlungs-Dosis) доза (облучения)

D [Dosis-Leistung, Dosis-Rate] мощность дозы

D [Energie-Dosis] поглощённая доза ионизирующего излучения

d [Dosis] (*Syn.* D, Dos) доза (облучения)

DA [Durchführungs-Anweisung] (*Syn.* Durchführungs-Verordnung, Durchführungs-Vorschrift) постановление; подзаконный акт

DABAWAS [Daten-Bank wassergefährdender Stoffe, Daten-Bank «Wassergefährdende Stoffe»] банк данных о веществах, загрязняющих воду

DAKOR [Daten-Bank zur Koordination der Ressort-Forschung] банк данных для координации отраслевых исследований

DAtF [Deutsches Atom-Forum e.V.] Германский атомный форум

DAVOR [Datenbank-System für Förderungs-Vorhaben] система банков данных по поддерживаемым проектам

DAW [Deutscher Arbeits-Kreis Wasser-Forschung] Немецкая рабочая группа по гидрологическим исследованиям

DB [Denitrifikations-Becken] денитрификатор

DB [Deutsche Bundesbahn] Германские федеральные железные дороги

dB [Dezibel] децибел, dB

dB (A) [Dezibel A] децибел A

DBV [Deutscher Bund für Vogel-Schutz e.V.] Немецкий союз защиты птиц

DCB [Di-Chlor-Biphenyl] дихлорбифенил

DCP [Di-Cyclo-Pentadien] дициклопентадиен

DDE [Dichlor-Diphenyl-Ethan] дихлордифенилэтан *(продукт распада ДДТ)*

DDT [Dichlor-Diphenyl-Trichlorethan] дихлордифенилтрихлорэтан, ДДТ *(Напр.* **DDT-Gesetz** *n* Закон о порядке использования ДДТ)

DDVP [Dichlorvos] дихлорофос, $C4H7Cl2O4P$ *(инсектицид)*

DE [Dampf-Erzeuger] парогенератор

DE *См.* **ED**

DEKO [Dekontamination, Dekontaminations-Betrieb] дезактивация, работы по дезактивации; детоксикация

DEWA [Demobile Waste-Anlage] *(Syn.* transportable Verfestigungs-Anlage der NUKEM für radioaktive Abfälle) передвижная установка для отверждения радиоактивных отходов *(г. Ханау, ФРГ)*

DF [Dekontaminations-Faktor, Dekontaminierungs-Faktor] *(Syn.* DK) коэффициент дезактивации

DFB [Dioxine, Furane, PCB] диоксины, фураны и ПХБ

DFG [Deutsche Forschungs-Gemeinschaft] Немецкое исследовательское общество

DFS [Deutscher Fach-Verband Solar-Energie e.V.] Немецкий отраслевой союз по гелиоэнергетике

DFV [Deutscher Fremdenverkehrs-Verband e.V.] Немецкий союз туристических фирм

DFWR [Deutscher Forstwirtschafts-Rat e.V.] Немецкий совет лесного хозяйства

DGAW [Deutsche Gesellschaft für Abfall-Wirtschaft] Немецкое общество по вопросам удаления и обезвреживания отходов

DGE [Deutsche Gesellschaft für Ernährung] Немецкое общество по вопросам питания

DGB [Deutsche Geselschaft für Bewässerungs-Wirtschaft] Немецкое общество по водоснабжению и ирригации

DGS [Deutsche Geselschaft für Sonnen-Energie e.V.] Немецкое общество по вопросам солнечной энергетики *(г. Мюнхен, ФРГ)*

DHB [Deutscher Heimat-Bund e.V.] Немецкий краеведческий союз

DIMDI [Deutsches Institut für Medizinische Dokumentation und Information] Немецкий институт медицинской документации и информации

DIN [Deutsches Industrie-Norm] промышленный стандарт ФРГ, ДИН

DIW [Deutsches Institut für Wirtschafts-Forschung] Немецкий институт экономических исследований

DK [Dampfkontaminations□] *(первая часть составных слов)* парозагрязняющий

DK [Dekontaminierungs-Faktor] (*Syn.* DF) коэффициент дезактивации

DKFZ [Deutsches Krebsforschungs-Zentrum] Немецкий центр изучения рака, Немецкий центр онкологических исследований *(г. Гейдельберг, ФРГ)*

DKVG [Deutsche Kernreaktor-Versicherungsgemeinschaft] Немецкая компания по страхованию ядерных реакторов *(г. Кёльн, ФРГ)*

DKSR [Deutsche Kommission zum Schutze des Rheins] Немецкая комиссия по защите Рейна *(ФРГ)*DLG [Deutsche Landwirtschafts-Gesellschaft]

DL [Dosis letalis] (*Syn.* LD) смертельная доза

DLm [Dosis letalis minima] (*Syn.* kleinste tödliche Dosis) минимальная смертельная доза, МСД, МЛД, DLM

DMG [Düngemittel-Gesetz] Закон об удобрениях

DMPS [Dimercaptopropansulfonat] (*Syn.* Salz der Sulfon-Säure, Schwefel-Salz) димеркаптопропансульфонат

DM/t TS [Deutsche Mark pro Tonne Trocken-Substanz] немецких марок на тонну сухого вещества *(о затратах на переработку осадков)*

dN [Denitrifikation] денитрификация

DN [Denitrifikations-Reaktor] денитрификационный реактор; денитрификатор

DNA [*англ.* DesoxiriboNukleid Acid] (*нем.* DNS) дезоксирибонуклеиновая кислота, ДНК

DNA [Deutscher Normen-Ausschuß] Комитет промышленных норм и стандартов *(ФРГ)*

DNR [Deutscher Naturschutz-Ring] Немецкое общество охраны природы, Немецкая ассоциация охраны природы, Немецкий союз обществ охраны природы

DNS [Desoxyribo-Nuklein-Säure] *(Syn.* DNA) дезоксирибонуклеиновая кислота, ДНК

DOC [*англ.* Dissolved Organic Carbon] (*нем.* gelöster organisch gebundener Kohlen-Stoff, gelöster organischer Kohlen-Stoff) растворённый органический углерод

DOE [*англ.* Department of Environment] Департамент по вопросам окружающей среды *(Великобритания, Канада)*

DOM [*англ.* Dissolved Organic Material] (*нем.* gelöste organische Verbindungen) растворённые органические соединения

DOM [DOsisleistungs-Meß-Gerät] дозиметр, прибор для измерения мощности дозы

Dos [Dosis] *(Syn.* D, d) доза (облучения)

DSB [Deutscher Sport-Bund] Германский спортивный союз

DSD, DSD Bonn [Gesellschaft Duales System Deutschland für Abfall-Vermeidung und Sekundärrohstoff-Gewinnung] Общество по предотвращению образования отходов и получению вторичного сырья «Двуединая германская система»

Dtox [toxische Dosis] токсичная доза

DUA [Deutsche Umwelt-Aktion e.V.] Немецкая экологическая акция *(природоохранная организация)*

D.U.T. [DYWIDAT Umweltschutz-Technik GmbH] фирма природоохранных технолологий «ДИВИДАТ»

DVGW [Deutscher Verein für Gas- und Wasser-Fachleute, Deutscher Verein von Gas- und Wasser-Fachmännern] Немецкий союз газовиков и специалистов по воде

DVVO [Deckungsvorsorge-Verordnung *(Syn.* **AtDeckV)** Распоряжение о порядке резервирования средств на случай возникновения ущерба

DVWK [Deutscher Verband für Wasser-Wirtschaft und Kultur-Bau e.V.] Немецкий союз по водному хозяйству и мелиорации

DWD [Deutscher Wetter-Dienst] Немецкая метеорологическая служба

DWK [Deutsche Gesellschaft für Wieder-Aufbereitung von Kern-Brennstoffen GmbH] Немецкое общество с ограниченной ответственностью по переработке ядерного топлива

DWR [Druckwasser-Reaktor] водо-водяной (энергетический) реактор, ВВЭР; реактор, охлаждаемый водой под давлением

DZ [Durchfluß-Zählrohr] счётчик расхода, расходомер

E

E [Einheit] единица (измерения)

E [Einwohner] житель

E [Emissions-Klasse] категория по уровню выделения вредных веществ *(для изделий и материалов)*; категория выбросов

E [Emissions-Vermögen] эмиссионная способность; эмиссионная характеристика; уровень выбросов

E [Energie] энергия

E [Entwässerbarkeit] *(Syn.* Filter-Durchlauf) водоотдача, влагоотдача, степень обезвоживания *(активного ила, осадков)*

E [Enzyme] ферменты, энзимы; биокатализаторы

E [Ethylen, äthylen] этилен

E [*англ.* England] *(Großbrirannien)* Великобритания *(нрк.* Англия)

E [Lärm-Dosis] доза шума, доза шумового воздействия

e [Areal-Einbuße, Areal-Regression] утрата ареала, регрессивное развитие ареала (вида), сокращение ареала, сужение ареала

e [einzeln, vereinzelt] единичный; единичная встречаемость *(аэробных организмов в сточных водах)*

EB [Effektivität der Boden-Nutzung] эффективность землепользования

EL [Luftschall-Schutzmaß] количественная мера звукоизоляции

ET [Trittschall-Schutzmaß] количественная мера изоляции от ударных шумов

EA [Elektrolyse-Anlage] электролизная установка, электролизёр

EAG [Europäische Atom-Gemeinshaft, EURATOM] *(Syn.* EAEC, EURATOM) ЕВРАТОМ, Европейское сообщество по атомной энергии

EäW [Energie-äquivalenz-Wert] теплота сгорания *(отходов)*

EAWAG [Eidgenössische Anstalt für Wasser-Versorgung, Abwasser-Reinigung und Gewässer-Schutz] Швейцарский институт водоснабжения, очистки сточных вод и охраны водной среды; Швейцарское ведомство водоснабжения, очистки сточных вод и охраны водной среды

ECCS [*англ.* Emergency Core Cooling Systems] (*нем.* Not-Kühlung) аварийное охлаждение активной зоны реактора

ECDIN [*англ.* Environmental Chemicals Data and Information Network] (*нем.* Umweltchemikalien-Datenbank, Umweltchemikalien-Informationverbund der Europäischen Gemeinschaften) Единая система данных и информации о веществах, загрязняющих окружающую среду; Банк данных и информационная сеть по химическим веществам в окружающей среде *(ЕС)*

ECOIN [*англ.* European Core Inventory] (*нем.* Europäisches Kern-Inventar) Базовый европейский список веществ, официально введённых в обращение в ЕС в период с 1.1.1971 по 18.9.1981

E. coli [Escherichia Coli] (*Syn.* Coli-Bakterien. Koli-Bakterien) коли-бактерии, бактерии Coli, кишечная палочка, энтеробактерии рода эшерихии

ED [Effektiv-Dosis, effektive Dosis] (*Syn.* DE, WD) эффективная доза *(Ср.* LD*)*

ED [Einfall-Dosis, Einfalls-Dosis, Eintritts-Dosis] доза на входе, входная доза; падающая доза

ED [Einzel-Dosis] разовая доза

ED95 [Effektiv-Dosis ED95] доза, дающая ожидаемый эффект у 95% подопытных животных

ED100 [höchste effektive Dosis] максимальная эффективная доза

EDTA [Ethylendiamin-tetraacetat, EthylenDiaminTetraAcetat] (*Syn.* Ethylen-Diamin-Tetra-Essigsäure) этилендиаминтетрауксусная кислота, ЭДТА

EDU [Energie-Dienstleistungsunternehmen] (*Syn.* EVU) фирма по оказанию энергетических услуг; фирма-поставщик энергии

EDU [Experten-Datei Umwelt] База данных экспертов в области экологии

EDV [elektronische Daten-Verarbeitung] электронная обработка информации, ЭОИ, электронная обработка данных

EEA [*англ.* European Environment Agency] Европейское агентство по окружающей среде

EEB [*англ.* European Environment Bureau] Европейское бюро по окружающей среде

EEV [emissionsverursachender Energie-Verbrauch] энергопотребление, связанное с вредными выбросами

EFB [*англ.* European Federation of Biotechnology] (*нем.* Europäische Föderation für Biotechnologie) Европейская федерации биотехнологии

Eff [Effektiv-Verhöhung] эффективная высота подъёма выбросов, высота эффективного выброса (дымовой трубы)

EFR [*англ.* European Fast Reactor] (*нем.* schneller europäischer Reaktor) быстрый еврореактор (*Напр.* **EFR-Partner** *mpl* фирмы, участвующие в создании еврореактора)

EFRUG [*англ.* European Fast Reaktor Utilities Group] рабочая группа по совместной разработке и использованию быстрого еврореактора; Европейская группа пользователей быстрых реакторов

EFZ [Europäischer Fahr-Zyklus] европейский испытательный цикл (*для автомобилей*)

EG [Europäische Gemeinschaft] Европейское сообщество, ЕС (*Напр.* **EG-Beitritt** вступление в ЕС, **EG-Hygiene-Normen** *fpl* гигиенические нормативы ЕС, **EG-Länder** *npl* страны ЕС; страны, входящие в ЕС, **EG-Recht** *npl* законодательные нормы ЕС; законодательство, действующее в рамках ЕС, **EG-Richtlinien** *fpl* 1. нормативные акты ЕС 2. общие целевые установки ЕС, **EG-Umweltpolitik** *f* экологическая политика ЕС, **EG-Umweltprogramm** *n* программа ЕС по охране окружающей среды, **EG-Umweltzeichen** *n* знак экологичности, учреждённый ЕС (*с 1992 г.*), **EG-Verordnungen** *fpl* распоряжения и постановления ЕС)

EGK [Erosionsgefährdungs-Klasse] категория эрозионной опасности

EGR [elektrische Gas-Reinigung] электрическая газоочистка, электроочистка газов; установка электрической очистки газов

EGR [elektrische Gas-Reinigungs-Anlage] установка электрической очистки газов

EGR [elektrostatischer Rauchgas-Reiniger] электростатический аппарат для очистки дымовых газов

EGT [Europäische Gemeinschaft Tief-Lagerung] Европейская асссоциация по захоронению радиоактивных отходов

EGW [Einwohner-Gleichwert] эквивалентное число жителей

EINECS [*англ.* European Inventory of Existing Commercial Chemical Substances] (*нем.* Europäisches Altstoff-Verzeichnis, Verzeichnis der in der Europäischen Gemeinschaft kommerziell verwendeten Stoffe) Европейская номенклатура вторично используемых материалов; Европейский перечень химических веществ, используемых в коммерческих целях *(включает все вещества, официально введённые в оборот на территории ЕС в период с 1.1.1971 по 18.9.1981)* (*Ср.* **ECOIN**)

Einw. [Einwohner] жители

EIR [Eidgenössisches Institut für Reaktor-Forschung Würenlingen] Швейцарский институт по исследованию ядерных реакторов в г. Вюренлинген

EKA [Europäische Kernenergie-Agentur] Европейское агентство по ядерной энергии

EKM [Abteilung Einkauf und Material-Wirtschaft] отдел материально-технического снабжения *(в Центре ядерных исследований, г. Карлсруэ)*

EKS [Eidgenössische Kommission für Strahlen-Schutz] (*Syn.* KSS) Швейцарская комиссия по радиационной защите

EKS [Entsorgungsanlagen-Kennzeichensystem] система маркировки установок для удаления радиоактивных отходов

ElexV [Verordnung über elektrische Anlagen in explosionsgefährdeten Räumen] Распоряжение о порядке эксплутации электрооборудования во взрывоопасных помещениях

ELIS [*англ.* Environmental Law Information System] (*нем.* Internationales Umweltrechts-Informationssystem) Международная информационная система по экологическому праву, Информационная система по законодательству в области охраны окружающей среды *(Международный союз охраны природы)*

EMD [Einzel-Maximal-Dosis] (*Syn.* MED) максимальная разовая доза; максимальная дозировка, максимальный разовый приём *(лекарства)*

EMPA [Eidgenössische Materialprüfungs-Anstalt] Швейцарское ведомство испытания материалов *(г. Цюрих)*

EMUKAT [UMPLIS-Datenbank Emissionsursachen-Kataster] (*Syn.* Emissionsursachen-Kataster, Emissions-Kataster) Банк данных о причинах вредных выбросов (Система информации и документации в области экологического планирования UMPLIS); кадастр вредных выбросов

EnEG [Energieeinsparungs-Gesetz, Gesetz zur Einsparung von Energie in Gebäuden] Закон об экономном расходовании энергии в зданиях; Закон об энергосбережении

ENV [elektrisch angeregte Nach-Verbrennung] (*Syn.* elektrisch angeregte Abluft-Verbrennung) дожигание с электрическим возбуждением

EONR [*англ.* European Organisation für Nuclear Research] (*нем.* Europäische Organisation für Kern-Forschung) (*Syn.* CERN) Европейская организация по ядерным исследованиям, Европейский центр ядерных исследований, ЦЕРН

EOX [extrahierbare organisch gebundene Halogene] извлекаемые галогеносодержащие органические соединения, извлекаемые органо-галогенные соединения

EPA [*англ.* (US-)Environmental Protection Agency, American Environment Protection Agency] (*нем.* amerikanische Umwelt-Behörde, US-amerikanische Umwelt-Behörde, US-Behörde für Umwelt-Schutz, Umweltschutz-Behörde der USA, Bundes-Amt für Umweltschutz in den USA) Агентство по охране окружающей среды, Управление охраны окружающей среды (США)

EPN dB [*англ.* Effective Perceived Noise in dB] эффективный воспринимаемый шум в дБ/в децибелах

EPNL [*англ.* Effective Perceived Noise Level] (*Ср.* PNL) (*нем.* effektiv empfundener Lärm-Pegel) реально воспринимаемый уровень шума, эффективный уровень воспринимаемого шума; эффективный воспринимаемый шум

EPPO [*англ.* European and Mediterranean Plant Protection Organization] (*нем.* Pflanzenschutz-Organisation für Europa und Mittelmeer-Raum) Организация охраны растительного мира Европы и Средиземноморья

ER [Ernte-Rückstände] (неубранные) остатки урожая, пожнивные остатки

ERAM [End-Lager für radioaktive Abfälle Morsleben] могильник радиоактивных отходов в г. Морслебене *(ФРГ)*

ERP [*англ.* European Reactor Program] проект еврореактора

ERP [*англ.* European Recovery Program] (*нем.* Marshall-Plan) план Маршалла

ESG [Europäische Strahlenschutz-Gesellschaft] Европейское общество по радиационной защите *(г. Вена)*

ESLAB [*англ.* European Space Laboratory] (*нем.* Europäisches Weltraum-Laboratorium) Европейская лаборатория космических исследований

ET [Embryo-Transfer] (*Syn.* Embrionen-Implantation, Embryonen-Transfer, Embryonen-übertragung) пересадка эмбрионов

EU [Europäische Union] Европейский Союз, ЕС (*Напр.* EU-Länder *npl* страны ЕС; страны, входящие в Европейский союз)

EUPA [*англ.* European Union for Protection of Animals] (*нем.* Europäische Tierschutz-Union) Европейский союз защиты животных

EURATOM [*англ.* European Atomic Energy Community, EAEC] (*нем.* Europäische Atom-Gemeinschaft, EAG) Европейское сообщество по атомной энергии, ЕВРАТОМ *(г. Брюссель)*

EUTROSYM [internationales Symposium über die Eutrophierung und Sanierung von Oberflächen-Gewässern] Европейский симпозиум по эвтрофированию и санированию поверхностных водоёмов

e.V. [eingetragener Verein] официально зарегистрированное общество или объединение

EVA [Einwirkung von außen] воздействие извне, внешнее воздействие *(в отношении АЭС)*

EVI [Einwirkung von innen] воздействие изнутри *(на АЭС)*

EVU [Elektrizitäts-Versorgungs-Unternehmen, Elektro-Versorgungs-Unternehmen] фирма-поставщик электроэнергии, энергоснабжающая фирма, энергоснабжающее предприятие

EvU [Entwicklung von Umwelt-Technik GmbH, Dresden] ЕвУ - Общество по разработке природоохранных технологий, г. Дрезден

EW. [Einwohner] жители; жителей; пользователи *(канализации)*

EW [Elektrizitäts-Werk] электростанция

EW [Evakuierungs-Weg] (*Syn.* Flucht-Wege) путь эвакуации

EWC [Europäische Wasser-Charta] Европейская водная хартия

EWG [Einwohner-Gleichwert] (*Syn.* Abwasser-Last in EWG) эквивалентное число жителей, норма отведения сточных вод *(л/сек на 1 чел.)*

EWI [*англ.* European Wildlife Research Institute] (*нем.* Europäisches Institut für Wild-Forschung) Европейский институт по изучению диких животных

EZ [Einwohner-Zahl] число жителей, численность населения

EZ [Entsorgungs-Zentrum] центр по переработке и удалению (радиоактивных) отходов

ex situ [*лат.*] (*нем.* außerhalb des Ortes, außerhalb der Lebens-Räume) за пределами места, с вывозом на другое место, на другой территории *(о захоронении и переработке отходов)*; вне естественной среды обитания, за пределами естественной среды обитания, за пределами их естественного местообитания (**ex-situ-Erhaltung** *f* сохранение и размножение таксонов за пределами их естественного местообитания) (*Ant.* **in situ**)

F

F [Festigkeit] прочность

F [Filtrat] фильтрат

F [Fluor] фтор, F

F [Frankreich] Франция

F + E [Forschungs- und Entwicklungs-Vorhaben] (*Syn.* Durchführung von Forschungs- und Entwicklungs-Vorhaben) исследовательско-конструкторские проекты; научно-исследовательские и опытно-конструкторские работы, НИОКР

f [fein] 1. тонкий, мелкий 2. чистый *(о цвете)* 3. точный

f [Frequenz] частота

FA [Fach-Ausschuß] техническая комиссия, комитет

FAKK [Fach-Ausschuß für Kern-Forschung und Kern-Technik] Специализированный комитет по ядерным исследованиям и ядерной технике *(ФРГ)*

FAL [Bundes-Forschungsanstalt für Land-Wirtschaft Braunschweig-Völkenrode] Федеральный институт сельского хозяйства в г. Брауншвейг-Фелькенроде

FAMA [Fahrbare Anlage zur Verfestigung mittelaktiver Abfälle] передвижная установка по отверждению отходов средней активности *(фирма STEAG, г. Эссен, ФРГ)*

FANAK [Fach-Ausschuß vom Deutschen Normen-Ausschuß für Akustik] отдел акустики Комитета стандартов ФРГ

FAO [*англ.* Food and Agriculture Organisation of the United Nations] (*нем.* Ernährungs- und Landwirtschafts-Organisation der UNO, Welt-Ernährungs-Organisation, Land- und Forstwirtschafts-Organisation der Vereinten Nationen) Организация ООН по вопросам продовольствия и сельского хозяйства, Продовольственная и сельскохозяйственная организация ООН, ФАО *(Напр.* **FAO-Werte** *mpl* (гигиенические) нормативы, установленные ФАО)

FASS [Fach-Ausschuß für Strahlen-Schutz und Sicherheit] Специализированный комитет по радиационной защите и безопасности *(ФРГ)*

FB [Fach-Bereich] *(Syn.* Ressort) подразделение; сфера деятельности

FB [Fahr-Bahn] проезжая часть *(дороги)*

FB [Fang-Becken] сборный резервуар

FB [Faul-Becken, Faul-Behälter] септик; метантенк

FB [Forschungs-Betreuung] сопровождение научных исследований, сопровождение научных проектов

FCKW, FCKWs [Fluor-Chlor-Kohlenwasserstoffe] *(Syn.* CFC, CFK) (Ср. LCKW) 1. хлорфторуглеводороды, ХФУ; фреоны, хладоны 2. хлорфторуглероды *(Напр.* **FCKW-Anwendung** *f* применение хлорфторуглеводородов, **FCKW-Produktion** *f* производство хлорфторуглеводородов)

FD [Frisch-Dampf] свежий пар

FDA [*англ.* Food and Drug Administration der USA] (*нем.* Nahrungs- und Arzneimittel-Behörde) Управление по продовольствию и фармацевтическим средствам *(США)*

FDR [fortgeschrittener Druckwasser-Reaktor] усовершенствованный реактор ВВЭР

Fe [Ferrum] *(Syn.* Eisen) железо

FE, F/E, F & E [Forschung und Entwicklung] научно-исследовательские и опытно-конструкторские работы, НИР и ОКР, НИОКР; исследование и разработка *(Напр.* **F/E-Vorhaben** *n* научно-исследовательский проект)

FES [Fachnormen-Ausschuß für Eisen und Stahl] Комитет технических норм и стандартов для чёрной металлургии *(в Институте промышленных стандартов ДИН, г. Берлин)*

FfE [Forschungs-Stelle für Energie-Wirtschaft] Исследовательский центр по энергетике *(г. Мюнхен, ФРГ)*

FFH-Richtlinie *f* [Flora-Fauna-Habitatrichtlinie, Richtlinie zur Erhaltung der natürlichen Lebens-Räume sowie der wildlebenden Tiere und Pflanzen] Предписание ЕС по сохранению естественной среды обитания, а также диких животных и растений *(1992)*

FGR [Fortgeschrittener gasgekühlter Reaktor] усовершенствованный реактор с газовым охлаждением

FID [Flammen-Ionisations-Detektor] пламенно-ионизационный детектор, ионизационно-пламенный детектор, детектор с пламенной ионизацией

FIT [Förder-Kreis Isotopen-Technik] группа содействия изотопной технике *(в Немецком атомной форуме, г. Бонн)*

FK [Feld-Kapazität] полевая капиллярная влагоёмкость, эффективная водоудерживающая способность

FKW [Fluor-Kohlenwasserstoffe] *(Syn.* Freon, Frigen) фторуглеводороды; фреоны *(Напр.* **FKW-betrieben** *Adj* с фреоновыми пропеллентами *(об аэрозольных баллончиках)*

FlHG [Fleischhygiene-Gesetz] Закон о гигиене мяса

Fl. [Fluß] река; водоток; поток

Fl. [Flüssigkeit] жидкость

fl. [flüssig] жидкий; жидкостный *(о двигателе)*

FluglärmG [Fluglärm-Gesetz, Gesetz zum Schutz gegen Flug-Lärm] Закон о защите от авиационного шума, Закон об авиационном шуме *(ФРГ)*

FM [Flockungs-Mittel] флокулянты; коагулянты

FMRB [Forschungs- und Meß-Reaktor Braunschweig] исследовательско-измерительный реактор в Брауншвайге *(ФРГ)*

FNA [Fachnormen-Ausschuß] отраслевая комиссия по стандартам, комитет технических норм и стандартов *(в Институте ДИН, г. Берлин)*

FNKe [Fachnormen-Ausschuß Kern-Technik] Комитет технических норм и стандартов по ядерной технике *(в Институте ДИН, г. Берлин)*

FNLa [Fachnormen-Ausschuß Labor-Geräte] Комитет технических норм и стандартов по лабораторным приборам *(в Институте ДИН, г. Берлин)*

FNM [Fachnormen-Ausschuß Material-Prüfung] Комитет технических норм и стандартов по испытанию материалов *(в Институте ДИН, г. Берлин)*

FNNE [Fachnormen-Ausschuß Nichteisen-Metalle] Комитет технических норм и стандартов для цветной металлургии *(в Институте ДИН, г. Берлин)*

FNPS [Fachnormen-Ausschuß «Persönliche Sicherheits- und Schutz-Ausrüstung»] Комитет технических норм и стандартов по индивидуальным средствам безопасности и защиты*(в Институте ДИН, г. Берлин)*

FNR [Fachnormen-Ausschuß Radiologie] Комитет технических норм и стандартов в области радиологии *(в Институте ДИН, г. Берлин)*

FNW [Fachnormen-Ausschuß Wasser-Wesen] Комитет технических норм и стандартов по водному хозяйству *(в Институте ДИН, г. Берлин)*

FNPL [Flächen-Nutzungs-Plan] план использования земельных площадей

FORATOM [*англ.* European Atomic Forum] (*нем.* Europäisches Atom-Forum) Европейский атомный форум

forstw. [forstwirtschaftlich] лесохозяйственный

FOV [flüchtige organische Verbindungen] летучие органические соединения

FP [Filter-Presse] фильтр-пресс, пресс-фильтр

FP [Förder-Gemeinschaft Integrierter Pflanzen-Bau] Общество в поддержку интегрированной системы растениеводства

FR [Forschungs-Reaktor] исследовательский реактор

FRB [Forschungs-Reaktor Berlin] исследовательский реактор в г. Берлине *(ФРГ)*

FRF [Forschungs-Reaktor Frankfurt (am Main)] исследовательский реактор в г. Франкфурте-на-Майне *(ФРГ)*

FRG [Forschungs-Reaktor Geesthacht] исследовательский реактор в г. Гестгахте *(на севере ФРГ)*

FRH [Forschungs-Reaktor Hamburg] исследовательский реакторв в г. Гамбурге *(ФРГ)*

FRJ [Forschungs-Reaktor Julich] исследовательский реактор в г. Юлих *(к западу от Кёльна, ФРГ)*

FRM [Forschungs-Reaktor München] исследовательский реактор в г. Мюнхене

FRMZ [Forschungs-Reaktor Mainz] исследовательский реактор в г. Майнце

FRN [Forschungs-Reaktor Neuherberg] исследовательский реактор в г. Нойхерберге (ФРГ)

FS [Fach-Verband für Strahlen-Schutz e.V., Würenlingen] Специальное объединение по радиационной защите *(г. Вюренлинген, Швейцария)*

FS [Faulschlamm-Menge] количество сброженного осадка

FSME [Frühsommer-Meningoenzephalitis] весенне-летний менингоэнцефалит

FW [Forst-Wirtschaft] лесное хозяйство

FWA [Frankfurter Wasser- und Abwasser-Gesellschaft mbH] Франкфуртское общество по водоснабжению и отведению сточных вод

G

G [Gas] газ

G [gewerbliche Bau-Flächen] территория промышленной застройки; территория деловой застройки

g [grob] грубый, крупнозернистый

GA [Gutachten im atomrechtlichen Genehmigungs-Verfahren] экспертное заключение в процедуре получения разрешения на строительство атомного объекта

GARP [*англ.* Global Atmospheric Research Programme] (*нем.* Globales Atmosphären-Forschungsprogramm) Программа исследования глобальных атмосферных процессов *(Всемирная Метеорологическая Организация)*

GaU, GAU [größter anzunehmender Unfall] максимальная проектная авария *(на АЭС)*, максимально опасная возможная авария, МОВА

GB [Gutachtens-Bedingungen] условия экспертизы *(в процедуре оформления разрешения на строительство атомного объекта)*

GC [Gas-Chromatograph] газовый хроматограф

GCOS [*англ.* Global Climate Observing System] (*нем.* Weltweites Klimaüberwachungs-System) Глобальная система слежения за климатом

GCR [*англ.* Gas Cooled Reactor] (*нем.* gasgekühlter Reaktor) (*Syn.* GGR) газоохлаждаемый реактор, реактор с газовым охлаждением, газовый реактор; реактор, охлаждаемый газом; реактор типа GCR

GD [Gesamt-Dosis] общая доза, суммарная доза, интегральная доза

GDA [Arbeits-Kreis «Geo-Technik der Deponien und Alt-Lasten»] рабочая группа по геотехнологии свалок отходов и загрязнённых территорий

GDCh [Gesellschaft Deutscher Chemiker] Химическое общество ФРГ

GDOS [Spektral-Analyse unter Verwendung einer Glimmentladungs-Lampe] спектральный анализ с использованием лампы тлеющего разряда

GE [Gewerbe-Gebiet] промзона, промышленная зона; промышленная агломерация

GefStoffV [Gefahrstoff-Verordnung, Verordnung über gefährliche Stoffe] Постановление о порядке обращения с опасными веществами, Распоряжение по опасным веществам *(в дополнение к Закону о вредных химических веществах)*

Geh. [Gehalt] содержание

GEKE [Gesellschaft für kommunale Energie-Beratung mbH] Общество коммунального энергетического консалтинга

GEMS [*англ.* Global Environmental Monitoring System] (*нем.* globales Umweltüberwachungs-System, weltweites Umwelt-überwachungs- und Warnsystem) Глобальная система мониторинга окружающей среды, ГСМОС; Глобальная система мониторинга и оповещения

GEN [Genetisches Netz-Werk] генетическая сеть

GenTG [Gentechnik-Gesetz] Федеральный закон о генной инженерии

Ges. [Gesellschaft] общество; ассоциация; объединение *(См.тж.* **GmbH, mbH)**

Ges. [Gesetz] закон

GewO [Gewerbe-Ordnung] положение о предпринимательской деятельности; положение о занятии промыслом или ремеслом

GF [Grundlagen-Forschung] фундаментальные исследования

GfK [Gesellschaft für Kern-Forschung, Karlsruhe], Общество ядерных исследований в г. Карлсруэ *(ФРГ), (новое название: KfK)*

GfS [Gesellschaft für Sicherheits-Wissenschaft, Wupperthal) Общество науки о безопасности *(г. Вупперталь, ФРГ)*

GFA [Gesellschaft zur Förderung der Abwasser-Technik] Общество содействия развитию технологий отведения и очистки сточных вод

GFAV, GFAVO [Großfeuerungsanlagen-Verordnung] Предписание об эсплуатации крупных ТЭС, Постановление о конструкции и порядке эксплуатации крупных топочных установок *(ФРГ)*

GFZ [Groß-Forschungszentrum] крупный исследовательский центр

GGR [gasgekühlter-graphitmoderierter Reaktor] (*Syn.* GCR) графито-газовый реактор, газо-графитовый реактор, реактор с графитовым замедлителем и газовым охлаждением; реактор типа GGR, реактор тип GCR

GH [*англ.* Growth Hormone] (*нем.* Wachstums-Hormone) гормоны роста; регуляторы роста

GHD [Gesamt-Herddosis] суммарная доза в очаге

GHTR [gasgekühlter Hochtemperatur-Reaktor] высокотемпературный реактор с газовым охлаждением, газоохлаждаемый высокотемпературный реактор

GHU [Gesellschaft für Hygiene und Umwelt-Medizin] Общество гигиены и экологической медицины

GIS [geographische Informations-Systeme] геоинформационная система, географическая информационная система, ГИС

GKFS [Gemeinsame Kernforschungs-Stelle der Euratom] Совместный центр ядерных исследований Евратома

GKT [Gesellschaft für Kern-Verfahrenstechnik mbH, Julich] Общество по ядерным технологиям *(г. Юлих, ФРГ)*

GmbH [Gesellschaft mit beschränkter Haftung] Общество с ограниченной ответственностью

GMZ [Geiger-Müller-Zählrohr] счётчик Гейгера-Мюллера

GNS [Gesellschaft für Nuklear-Service] «Общество ядерного сервиса» *(кондиционирование и складирование слабо- и среднеактивных отходов, ФРГ)*

GNT [Gesellschaft für Nuklear-Transporte mbH] ГНТ - Общество по перевозке ядерных грузов *(г. Эссен, ФРГ)*

GNU [Gesellschaft für Natur und Umwelt beim Kultur-Bund der DDR] *ист.* Общество природы и экологии при культурбунде ГДР

GNV [Gesellschaft für Nukleare Verfahrens-Technik mbH] ГНВ - Общество по ядерным технологиям *(г. Бернсберг, ФРГ)*

GöM [gesamtökologisches Modell] общеэкологическая модель

GRAS [*англ.* Generally Recognized As Safe] (*нем.* allgemein als unschädlich anerkannt) общепризнано безопасным *(о веществах, используемых при производстве сельхозпродукции и лекарств)* (*Напр.* **GRAS-Liste** *f* Список химических веществ, общепризнанных безопасными Управлением сельского хозяйства и фармацевтической промышленности США)

GRE [Gesellschaft für Rationelle Energie-Verwendung] Общество по рациональному использованию энергии; Общество, борющееся за рациональное энергопотребление

Growian [Großwind-Anlage, Großwindkraft-Anlage] крупная опытная ветроустановка; ГРОВИАН *(ветровая электростанция в ФРГ)*

GRS, GRS mbH [Gesellschaft für Reaktor-Sicherheit mbH] Общество по безопасности ядерных реакторов *(г. Кёльн, ФРГ)* (*Ср.* **IRS**)

GSchG [Gewässerschutz-Gesetz] Закон об охране водоёмов

GSD [genetisch signifikante Dosis] (*Syn.* genetisch wichtige Dosis) генетически значимая доза

GSF [Gesellschaft für Strahlen- und Umwelt-Forschung m.b.H.] Общество по исследованию радиационного излучения и окружающей среды, Общество по радиоэкологическим исследованиям *(г. Нойхерберг, ФРГ)*

GSKB [Gruppe Schweizerischer Kernkraftwerks-Betreiber] Объединение швейцарских фирм, эксплуататирующих АЭС *(Ср. консорциум)*

GSR [*англ.* global solar radiation] (*нем.* Gesamt-Sonnenstrahlung) общая инсоляция

GSW [Gesellschaft für Weltraum-Forschung mbH] Общество космических исследований *(Бонн, ФРГ)*

GTU [Gesellschaft für Technologie- und Umweltschutz-Beratung] ГТУ - Общество по технологическому и природоохранному консалтингу

GTZ [Deutsche Gesellschaft für Technische Zusammen-Arbeit] Немецкое общество по техническому сотрудничеству, Объединение по совместным техническим разработкам *(ФРГ)*

GUT [Gesellschaft für Umwelt-Technik und Unternehmens-Beratung mbH; GUT Umwelt-Forum und Beratungs-Service GmbH] 1. ГУТ - Общество по природоохранным технологиям и консалтингу 2. ГУТ - Экологический форум и консалтинговые услуги

GV [Glüh-Verlust] потеря при прокаливании

GV *См.* **GVE**

GVE [Großvieh-Einheit] условная голова крупного рогатого скота *(количество всех видов отходов на 500 кг живого веса)* (*Ср.* EGW, BSB5)

GVO [gentechnisch veränderte Organismen] манипулированные организмы, генетически изменённые организмы

GWA [Großtechnische Wiederaufbereitungs-Anlage] промышленная установка по восстановлению ядерного топлива

GWJF [Gesellschaft für Wildtier- und Jagd-Forschung e.V.] Общество по изучению диких животных и охотоведению

GWK [Gesellschaft zur Wiederaufarbeitung von Kern-Brennstoffen mbH] Общество по восстановлению ядерного топлива *(г. Леопольдсхафен, ФРГ)*

GWR [graphitmoderierter leichtwassergekühlter Reaktor] (*Syn.* LWGR) легководный реактор с графитовым замедлителем

Gy [Gray] Грэй, Гр *(системная единица энергетической дозы, единица измерения абсолютной дозы)*

H

H [Härte] 1. *геол., тех.* твёрдость 2. жёсткость *(воды)*

H [Heiz-Wert] теплота сгорания, теплотворная способность

H [Humidität] (*Syn.* Feuchtigkeit) влажность

H [Hydrogenium] (*Syn.* Wasser-Stoff) водород, H

h [Stunde, Stunden] час, часов

HBK [Hochtemperatur-Brennstoffkreislauf] высокотемпературный топливный цикл

HC [Kohlen-Wasserstoffe] (*Syn.* CH) углеводороды

HCB [Hexa-Chlor-Benzol] гексахлорбензол, пенхлорбензол *(фунгицид)*

HCB [Hexa-Chlor-Biphenyl] гексахлорбифенил

HCH [Hexa-Chlor-Cyclo-Hexan] (*Syn.* Hexa) гексахлорциклогексан, ГХЦГ, гексахлоран, C6H6Cl6

HCN [Cyan-Wasserstoff, Cyan-Säure, Blau-Säure] цианистый водород, цианисто-водородная кислота, синильная кислота

H2CO3 [Kohlen-Säure] угольная кислота

HD [Herd-Dosis] доза в очаге, очаговая доза

HD [Hoch-Druck] высокое давление

HD- [Hochdruck□] *(первая часть составных терминов)* высокого давления

HDR [Heißdampf-Reaktor] реактор с перегретым паром, HDR

HdUR [Hand-Wörterbuch des Umwelt-Rechts] настольный словарь экологического права

HED [Haut-Einheitsdosis] единица кожной дозы; кожно-эритемная доза, биодоза

Heilpr. [Heil-Praktiker] целитель, лекарь; фитотерапевт, гомеопат

Hexa [Hexa-Chlor-Cyclo-Hexan] (*Syn.* HCH) гексахлорциклогексан, ГХЦГ, гексахлоран, C6H6Cl6

HF [Fluor-Wasserstoff] фтористый водород, HF

H-FCKW [teilhalogenierte Fluor-Chlor-Kohlenwasserstoffe] частично галогенизированные хлорфторуглеводороды; «мягкие» ХФУ

HFR [Hochfluß-Reaktor] высокопоточный реактор

HG [Hochwasser-Gefahr] опасность паводков, паводковая опасность

Hg [Hydrargyrum] (*Syn.* Quecksilber) ртуть, Hg

HGW [höchster Grundwasser-Stand] наивысший уровень грунтовых вод

HHT [Heliumturbine-Hochtemperaturreaktor] высокотемпературный реактор с гелиевой турбиной

HHq [höchste Hochwasser-Spende] максимальный модуль паводкового стока

HHQ [höchstes Hochwasser] (*Syn.* HWS) пиковый паводковый расход; пик паводка

HIF [*англ.* Human Immundeficiency Virus] (*нем.* Aids-Erreger, Aids-Virus) вирус СПИДа, вирус ВИЧ

HKW [halogenierte Kohlen-Wasserstoffe, halogenisierte Kohlen-Wasserstoffe] галогенопроизводные углеводородов, галогенозамещённые углеводородов

HLfU [Hessisches Landes-Amt für Umwelt] Экологическое ведомство земли Гессен

Hmo [Hoch-Moor] (*Syn.* M) верховое болото, олиготрофное болото

Hochsp. [Hoch-Spannung] высокое напряжение

HOWA [hochaktive Verglasungs-Anlage] установка для остекловывания высоко(радио)активных отходов

HPLAC [*англ.* High-Performance Liquid Affinity Chromatography] (*нем.* Hochleistungs-Flüssig(keits)-Affinitätschromatographie) высокопроизводительная жидкостная аффинная (биоспецифическая) хроматография

HPLC [*англ.* High-Performance Liquid Chromatography] *(Syn.* HSLC*)* (*нем.* Hochleistungs-Flüssig(keits)chromatographie) высокопроизводительная колоночная жидкостная хроматография

HPTLC [*англ.* High-Performance Thin-Layer Chromatography] (*нем.* Hochleistungs-Dünnschichtchromatographie) высокопроизводительная тонкослойная хроматография

HPLC [*англ.* High-Performance Liquid Chromatography] (*нем.* Hochleistungs-Flüssig(keits)chromatographie) высокопроизводительная колоночная жидкостная хроматография

H.Q. [Hochwasser-Menge] паводковый расход

hq [Hochwasser-Spende] модуль паводкового стока

H$_2$S [Schwefel-Wasserstoff] сероводород

HSLC [*англ.* High-Speed Liquid Chromatography] *(Syn.* HPLC*)* (*нем.* schnelle Flüssig(keits)chromatographie) скоростная колоночная жидкостная хроматография

HTGR [hochtemperaturgasgekühlter Reaktor] высокотемпературный реактор с газовым охлаждением

HTR [Hochtemperatur-Reaktor] высокотемпературный реактор

HW [Hoch-Wasser] паводок; половодье; высокая вода; полная вода

h.W. [höchster Wasser-Stand] (*Syn.* HHQ, HWS) наивысший уровень воды; наивысший паводковый уровень; пик паводка

HWS [Halbwert-Schicht,Halbwertschicht-Dicke] слой половинного ослабления, толщина периода полураспада

HWS [höchster Hochwasser-Stand] (*Syn.* HHQ) пик паводка; максимальная отметка паводковых вод

HWWA [Institut für Wirtschafts-Forschung Hamburg] Гамбургский институт экономических исследований

HWZ [Halbwert-Zeit, Halbwerts-Zeit] период полураспада

HZ [Heiße Zelle] камера для работы с радиоактивными веществами, горячая камера

Hz [Hertz] герц, Гц

HZD [höchstzulässige Dosis] предельно допустимая доза

HZK [höchstzulässige Konzentration] предельно допустимая концентрация, ПДК

I

I [Iodum] (*уст.* J) (*Syn.* Jod) иод, йод

I [Ionen-Dosis, Ionen-Dosis-Leistung] ионизационная доза, доза ионизирующего излучения, мощность ионизационной дозы

I [Italien] Италия

I + D [Information und Dokumentation auf dem Umwelt-Sektor] информация и документация в области экологии

IAB [Ingenieur-Betrieb Anlagen-Bau Leipzig GmbH] ИАБ - Инженерно-машиностроительный завод, г. Лейпциг *(ФРГ)*

IAEA [Internationale Atomenergie-Agentur] (*Syn.* Internationale Atomenergie-Organisation) МАГАТЭ, Международное агентство по атомной энергии

IAK [Institut für angewandte Kern-Physik] Институт прикладной ядерной физики *(в Центре ядерных исследований, г. Карлсруэ, ФРГ)*

IAO [Internationale Arbeits-Organisation (*Syn.* ILO) МОТ, Международная организация труда, Международная организация по труду

IARC [*англ.* International Agency for Research on Cancer] (*нем.* Internationale Agentur für Krebs-Forschung) Международное агентство по изучению рака

IAS [Institut für angewandte System-Analyse] Институт прикладного системного анализа *(в Центре ядерных исследований, г. Карлсруэ, ФРГ)*

IASA [Internationales Institut für angewandte System-Analyse) Международный институт прикладного системного анализа *(г. Лаксенбург под Веной, Австрия)*

IASR [Institut für angewandte System-Technik und Reaktor-Physik] Институт прикладной системной техники и физики ядерных реакторов *(в Центре ядерных исследований, г. Карлсруэ, ФРГ)*

IAWR [Internationale Arbeits-Gemeinschaft der Wasser-Werke im Rhein-Einzugsgebiet] Международное объединение водоснабжающих предприятий в бассейне Рейна

IBP [*англ.* International Biological Program] (*нем.* Internationales Biologisches Programm) Международная биологическая программа, МБП, Международная программа биологических исследований

ICBP [*англ.* International Council for Bird Preservation] (*нем.* Internationales Komitee für Vogel-Schutz, Internationaler Rat für Vogel-Schutz) Международный совет охраны птиц, СИПО

ICD [*англ.* International Classification of Diseases] (*нем.* Internationale KLassifikation der Krankheiten, Verletzungen und Todes-Ursachen) Международная номенклатура и классификация болезней и причин смерти, Номенклатура и классификация болезней и причин смерти

ICE [Intercity-Expreß] «Интерсити», межгородской экспресс, поезд-экспресс межгородского сообщения *(ФРГ)*

ICID [*англ.* International Commission Irrigation and Drainage] (*нем.* Internationale Kommission für Be- und Entwässerung) Международная комиссия по ирригации и дренажу

ICLEI [*англ.* International Council for Local Environmental Initiatives] (*нем.* Internationaler Rat für kommunale Umwelt-Initiativen) Международный совет по местным инициативам в области окружающей среды

ICNIRP [*англ.* International Commission on Non-Ionizing Radiation Protection] (*нем.* Internationale Kommission über den Schutz vor nichtionisierender Strahlung) Международная комиссия по защите от неионизирующих излучений

ICRO [*англ.* International Cell Research Organisation] (*нем.* Internationale Organisation für Zell-Forschung) Международная организация исследования клетки

ICRP [*англ.* International Commission on Radiation Protection] (*нем.* Internationale Kommission für Strahlen-Schutz, Internationale Strahlenschutz-Kommission) Международная комиссия по радиационной защите; *уст.* Международная комиссия по радиологической защите

ICT [Institut für Chemische Technologie] Институт химической технологии *(в Центре ядерных исследований, г. Юлих, ФРГ)*

ICU [Informations-Dienst Chemie und Umwelt] служба информации по химии и окружающей среде

IDIS [Institut für Dokumentation und Information, Sozial-Medizin und öffentliches Gesundheits-Wesen] Институт документации и информации, социальной медицины и общественного здравоохранения

IDWR [Integrierter Druckwasser-Reaktor] интегральный реактор ВВЭР

IEA [Internationale Energie-Agentur] Международное энергетическое агентство

Ifeu, IFEU [Institut für Energie und Umwelt, Heidelberg; Heidelberger Institut für Energie- und Umwelt-Schutz] Гейдельбергский институт по проблемам энергетики и охраны окружающей среды

IFO [Institut für Wirtschafts-Forschung] Институт экономических исследований *(г. Мюнхен, ФРГ)*

IFOAM [*англ.* International Federation of Organic Agriculture Movements] (*нем.* Internationale Vereinigung der ökologischen Landbau-Bewegung) Международное объединение экологических методов земледелия

Iför [Institut für ökologisches Recycling, Iför-Institut] Институт по экологическому рисайклингу

IfP [Institut für Pflanzenschutz-Forschung] Институт защиты растений *(в бывшей ГДР)*

IFS [Institut für Sekundärrohstoff-Wirtschaft] Институт по изучению вторичных ресурсов *(в бывшей ГДР)*

IFT [Institut für Tief-Lagerung] Институт по вопросам захоронения радиоактивных отходов *(г. Клаусталь-Целлерфельд и г. Вольфенбюттель)*

IfWPdN [Institut für wirtschaftliche Probleme der Natur-Nutzung] Институт экономических проблем природопользования, ИЭПП *(г. Москва)*

IG [Immissions-Grenzwert] (*Syn.* IG-Wert) предельно допустимая концентрация загрязняющих веществ, ПДК

IGA [Internationale Garten-Ausstellung] Международная выставка садоводства *(г. Эрфурт, ФРГ)*

Ig A, IgA [Immunglobulin A] иммуноглобулин А

IGD [Immissions-Grenzwert für die Dauer-Einwirkung] (*Syn.* höchstzulässiger Langzeit-Wert) долговременные предельно допустимые концентрации загрязняющих веществ; предельно допустимое долговременное загрязнение

IGK [Immissions-Grenzwert für die Kurzzeit-Einwirkung] (*Syn.* höchstzulässiger Kurzzeit-Wert) кратковременные предельно допустимые концентрации загрязняющих веществ; предельно допустимое кратковременное загрязнение

IGU [Institut für Gewässer-Schutz und Umgebungs-überwachung] Институт охраны водной среды и экологического мониторинга

IGUMED [Interdisziplinäre Gesellschaft für Umwelt-Medizin] Междисциплинарное общество экологической медицины

IHG [Interessen-Gemeinschaft der Holzschutzmittel-Geschädigten] общество пострадавших от применения средств защиты древесины

IHP [Internationales Hydrologisches Programm] Международная гидрологическая программа

IHT [Institut für Hochtemperatur-Forschung] Институт высокотемпературных исследований *(г. Штутгарт, ФРГ)*

IK [Informations-Kreis Kern-Energie] Информационная группа по ядерной энергии (г. Бонн, ФРГ)

IK [Ionisations-Kammer] ионизационная камера

IKB [Institut für Kern-Technik Berlin] Берлинский институт ядерной техники; Факультет ядерных технологий *(Берлинского Технического университета)*

IKE [Institut für Kern-Energetik] Институт ядерной энергетики *(г. Штутгарт, ФРГ)*

IKF [Institut für Kern-Physik] Институт ядерной физики *(г. Франкфурт на Майне, ФРГ)*

IKSE [Internationale Kommission zum Schutz der Elbe] Международная комиссия по защите от загрязнения бассейна Эльбы *(ФРГ)*

IKSM [Internationale Kommission zum Schutz der Mosel] Международная комиссия по защите от загрязнения бассейна реки Мозель *(ФРГ)*

IKSR [Internationale Kommission zum Schutz des Rheins gegen Verunreinigung] Международная комиссия по защите бассейна Рейна от загрязнения *(ФРГ)*

IKSS [Internationale Kommission zum Schutz der Saar] Международная комиссия по защите от загрязнения бассейна реки Саар *(ФРГ)*

IKVT [Institut für Kernverfahrens-Technik] Институт по технологии ядерных процессов *(в Центре ядерных исследований, г. Карлсруэ, ФРГ)*

ILO [*англ.* International Labour Organisation] (*Syn.* IAO) МОТ, Международная организация труда, Международная организация по труду

IMASKA [Interministerieller Ausschuß für Standort-Fragen bei Kerntechnischen Anlagen] Межведомственный комитет по выбору мест расположения ядернотехнических установок

IMAU [Interministerieller Ausschuß für Umwelt-Schutz] Межведомственный комитет по вопросам охраны окружающей среды, Межведомственная комиссия по защите окружающей среды

IMR [Industrielle Meß- und Regel-Systeme für Umwelt-Technologie] ИМР - Промышленное измерительное и мониторинговое оборудование для использования в технологиях по охране окружающей среды

INFUCHS [Informations-System des Umwelt-Bundesamtes für Umwelt-Chemikalien, Chemie-Anlagen und Stör-Fälle] Информационная система по веществам, загрязняющих окружающую среду, химическим установкам и авариям Федерального ведомства по охране окружающей среды

in situ [*лат.*] (*нем.* am Ort, vor Ort, in den Lebens-Räumen) 1. локально, в месте образования *(отходов);* непосредственно на месте отбора проб (*Напр.* **in-situ-Messungen** *fpl* измерения непосредственно на месте отбора проб, локальный мониторинг) 2. в естественной среде обитания, в пределах их естественного местообитания (*Напр.* **in-situ-Erhaltung** *f* сохранение и размножение таксонов в пределах их естественного местообитания, **Schutz der Arten «in situ»** охрана видов в пределах их местообитаний) (*Ant.* **ex situ**)

int. [international] международный *(конвенция, организации)*

IOZV [Internationale Organisation für Zivil-Verteidigung] Международная организация гражданской обороны *(Женева, Швейцария)*

IPAL [*англ.* Integrated Project on Arid Lands] Комплексный проект по засушливым землям (ЮНЕСКО)

IR [Infrarot□] инфракрасный (*Напр.* **IR-Spektroskopie** *f* инфракрасная спектроскопия, **IR-Strahlung** *f* инфракрасное излучение)

IRMA [Immissionsraten-Meß-Apparatur] специальная аппаратура для определения уровня газообразных выбросов

IRPA [*англ.* International Radiation Protection Association] (*нем.* Internationale Vereinigung zum Schutz vor Strahlung) Международная ассоциация по защите от радиоактивного излучения

IRS [Institut für Reaktor-Sicherheit] Институт по вопросам безопасности ядерных реакторов *(г. Кёльн, ФРГ; новое название: GRS)*

IRW [Institut für Reaktor-Werkstoffe] Институт конструкционных материалов для ядерных реакторов *(в Центре ядерных исследований, г. Юлих, ФРГ)*

ISF [Institut für Nukleare Sicherheits-Forschung] Институт исследований по ядерной безопасности *(в Центре ядерных исследований, г. Юлих, ФРГ)*

ISI [Institut für System-Technik und Innovations-Forschung] Институт системной техники и инновационных исследований (ФРГ)

ISTB [Institut für Strahlen-Biologie] Институт радиационной биологии *(в Центре ядерных исследований, г. Карлсруэ, ФРГ)*

ISTL [Institut für Strahlen-Technologie der Lebens-Mittel] Институт радиационной технологии продуктов питания *(в Центре ядерных исследований, г. Карлсруэ, ФРГ)*

ISV [Schlamm-Volumensindex, Schlamm-Index] иловый индекс

ISWA [*англ.* International Solid Wastes and Public Cleaning Association] (*нем.* Internationale Vereinigung für Stadt-Reinigung) Международная ассоциация по переработке ТБО и уборке городов

ITTO [*англ.* International Tropical Timber Organisation] (*нем.* Internationale Tropenholz-Organisation) Международная организация по тропической древесине

ITVA [Ingenieurtechnischer Verband Alt-Lasten e.V.] Инженерно-техническое объединение по изучению и ликвидации старых загрязнений почв

IUCN [*англ.* International Union for Conservation of Nature and Natural Resources] (*нем.* Internationale Union zum Schutz der Natur und der natürlichen Hilfs-Quellen, Internationale Naturschutz-Union, Internationaler Naturschutz-Verband) Международный союз охраны природы (и природных ресурсов), МСОП

IVF [in-vitro-Fertilisation] (*Syn.* in-vitro-Befruchtung) искусственное оплодотворение, метод искусственного оплодотворения; *нрк.* искусственное зачатие

IW [Immissions-Wert, Immissions-Werte] (*Syn.* Belastung, Verschmutzung) загрязнённость, уровень загрязнённости

IW1 [Immissions-Wert für Langzeit-Wirkung] долговременная концентрация загрязнений

IW2 [Immissions-Wert für Kurzzeit-Wirkung] кратковременная концентрация загрязнений

IWC [*англ.* International Whaling Commission] (*нем.* Internationale Walfang-Kommission) Международная комиссия по промыслу китов

IWC [*англ.* International Whaling Convention] (*нем.* Internationale Walfang-Kommission) Международная конвенция о китобойном промысле

IWR [Insekten-Wachstumsregulator] гормональный инсектицид

IWRB [*англ.* International Waterfowl and Wetlands Research Bureau] (*нем.* Internationales Büro für Wasservogel-Forschung) Международное бюро по изучению водоплавающих птиц и водоболотных угодий

IZE [Informations-Zentrale der Elektrizitäts-Wirtschaft e.V.] Информационная служба энергетической отрасли

J

J [*уст.* Jod] (*Syn.* I) иод, йод

J [Joule] джоуль, Дж

J [Strahlungs-Intensität] интенсивность излучения

Ja [Japan] Япония

JAZ [Jahres-Aktivitätszufuhr] годовое поступление радиоактивности, годовое поступление радионуклидов (в окружающую среду); доза, полученная в течение года

JO [Jagd-Ordnung] правила охоты

Ju [Jute] джут

K

K [Faktor der Dosis-Leistung von Gamma-Strahlern] коэффициент мощности дозы источников гамма-излучения

K [Konzentration] (*Syn.* C, Konz.) концентрация

KA [Klär-Anlage] (*Syn.* Klär-Werk, Reinigungs-Anlage) (водо)очистное сооружение, сооружение для очистки сточных вод

KA [Künstliche Aktivität] искусственная радиоактивность

KAE [Eidgenössische Kommission für Atom-Energie] Швейцарская комиссия по атомной энергии

Kat [geregelter Katalysator] катализатор, дожигатель *(выхлопных газов)*

KB [Kern-Brennstoff] (*Syn.* KBST) ядерное топливо

KBA [Kern-Kraftwerk Biblis A] АЭС в Библисе, блок А

KBB [Kern-Kraftwerk Biblis B] АЭС в Библисе, блок Б

KBG [Kernkraftwerk-Betriebsgesellschaft mbH, Karlsruhe) КБГ - Общество по эксплуатации АЭС *(г. Карлсруэ, ФРГ)*

KBI [Betreiber-Ausschuß der Kernbrennstoff-Industrie] Комитет эксплуатантов промышленности по производству ядерного топлива *(ФРГ)*

KBR [Kern-Kraftwerk Brokdorf] Брокдорфская АЭС *(г. Брокдорф на Эльбе, ФРГ)*

KBST [Kern-Brennstoff] *(Syn.* KB) ядерное топливо

KCB [Kern-Kraftwerk Borssele] АЭС в г. Борселе *(Нидерланды)*

KE [Kern-Energie] ядерная энергия

KEP [Konsortium Entsorgungs-Zentrum Projekt-Begleitung] КЕП - Консорциум фирм, участвующих в сопровождении проекта создания центра по переработке и ликвидации радиоактивных отходов *(г. Франкфурт-на-Майне, ФРГ)*

KEWA [Kernbrennstoff-Wiederaufbereitungs-Gesellschaft mbH] КЕВА - Общество по переработке ядерного топлива *(г. Франкурт-на-Майне, ФРГ)*

KFA [Kernforschungs-Anlage] исследовательская ядерная установка, установка для ядерных исследований

KFA [Kernforschungs-Anlage Julich GmbH] Центр ядерных исследований в г. Юлих *(ФРГ)*

KfK [Kernforschungs-Zentrum Karlsruhe GmbH] Центр ядерных исследований в г. Карлсруэ *(ФРГ)*

KFT [Kammer-Filterpresse] камерный пресс-фильтр

KFü [Kernreaktor-Fernüberwachungssystem] система дистанционного контроля за безопасностью ядерных реакторов

KFZ [Kernforschungs-Zentrum] Центр ядерных исследований

Kfz [Kraft-Fahrzeug] *(Syn.* Auto) автомобиль, автотранспортное средство

KFZK *(старое название)* См. **KFK**

KG [Körper-Gewicht] вес тела *(человека)*

KGB [Kern-Kraftwerk Gundremmingen Betreiber-Gesellschaft GmbH] КГБ - Общество по эксплуатации АЭС в Гундреммингене *(Швейцария)*

KGD [Kern-Kraftwerk Goesgen-Daeniken AG] КГД - Акционерное общество по эксплуатации АЭС в г. Гесген-Деникен *(Швейцария)*

KGV [Kern-Kraftwerk Gundremmingen Verwaltungs-Gesellschaft mbH] КГВ - Общество по управлению АЭС в Гундреммингене *(Швейцария)*

KGV [Koordinations-Stelle Genehmigungs-Verfahren] координационный центр по оформлению разрешений

KHKW [Kern-Heizkraftwerk] (*Syn.* KWKW) атомная теплоэнергоцентраль, АТЭЦ; атомная теплоэлектростанция, АТЭС

K.H.Q. [katastrophale Hochwasser-Menge] катастрофический паводковый расход воды

KHW [Kern-Heizwerk] атомная станция теплоснабжения, АСТ

KKA [Kompakt-Kläranlagen] очистные сооружения компактной конструкции; аэротенки-отстойники

KKB [Kern-Kraftwerk Beznau] АЭС в Бецнау *(Швейцария)*

KKB [Kern-Kraftwerk Brunsbüttel] АЭС в Брунсбюттеле *(г. Гамбург, ФРГ)*

KKB [Kern-Kraftwerk Brunsbüttel GmbH] ККБ - Общество по эксплуатации АЭС в Брунсбюттеле *(г. Гамбург, ФРГ)*

KKE [Kern-Kraftwerk Emsland, Lingen] Эмсландская АЭС *(г. Линден, ФРГ)*

KKG [Kern-Kraftwerk Goesgen-Daeniken] АЭС в Гесген-Деникене *(Швейцария)*

KKG [Kern-Kraftwerk Grafenrheinfeld] АЭС в Графенрейнфельде

KKH [Kern-Kraftwerk Hamm/Lippe] АЭС в г. Хамм на р. Липпе *(ФРГ)*

KKI [Kern-Kraftwerk Isar] АЭС на реке Изар *(Бавария)*

KKI [Kern-Kraftwerk Isar GmbH] ККИ - Общество по эксплуатации АЭС на р. Изар *(г. Мюнхен, ФРГ)*

KKK [Kern-Kraftwerk Kaiseraugst] (*Syn.* KWK) АЭС в Кайзераугсте *(Швейцария)*

KKK [Kern-Kraftwerk Kaiseraugst AG] ККК - Акционерное общество по эксплуатации АЭС Кайзераугсте *(Швейцария)*

KKK [Kern-Kraftwerk Krümmel] Крюммельская АЭС *(ФРГ)*

KKK [Kern-Kraftwerk Krümmel GmbH] ККК - Общество по эксплуатации Крюммельской АЭС *(ФРГ)*

KKL [Kern-Kraftwerk Leibstadt] АЭС в г. Лейбштадте *(Швейцария)*

KKL [Kern-Kraftwerk Leibstadt AG] ККЛ - Общество по эксплуатации АЭС в г. Лейбштадте *(Швейцария)*

KKN [Kern-Kraftwerk Niederaichbach] АЭС в Нидерайхбахе *(ФРГ)*

KKN [Kern-Kraftwerk Niederaichbach GmbH] Общество по эксплуатации АЭС в Нидерайхбахе *(ФРГ)*

KKP [Kern-Kraftwerk Philippsburg] АЭС в Филипсбурге *(ФРГ)*

KKP [Kern-Kraftwerk Philippsburg GmbH] Общество по эксплуатации АЭС в Филипсбурге *(ФРГ)*

KKPt [Kern-Kraftwerk Pleinting/Donau] Плейтингская АЭС на Дунае

KKS [Kern-Kraftwerk Stade] АЭС в г. Штаде *(ФРГ)*

KKS [Kern-Kraftwerk Stade GmbH] Общество по эксплуатации АЭС в г. Штаде *(ФРГ)*

KKS [Kernkraftwerk-Kennzeichensystem] принятая система условных обозначений для АЭС

KKU [Kern-Kraftwerk Unterweser] АЭС «Нижний Везер» *(ФРГ)*

KKU [Kern-Kraftwerk Unterweser GmbH] Общество по эксплуатации АЭС «Нижний Везер» *(ФРГ)*

KKV [Kern-Kraftwerk Vahnum] Ванумская АЭС

KKW [Kern-Kraftwerk, Kern-Kraftwerke] (*Syn.* AKW) атомная электростанция, атомные электростанции, АЭС

KLE [Kern-Kraftwerke Lippe-Ems GmbH] комплекс атомных электростанций на реках Липпе и Эмс *(ФРГ)*

KMT [Kühlmittel-Temperatur] температура теплоносителя

KMV [Kühlmittel-Verlust] потеря теплоносителя

KN [Kern-Notkühlung] аварийное охлаждение активной зоны (реактора)

KNK [kompakte natriumgekühlte Kernreaktor-Anlage] компактная установка, включающая ядерный реактор с натриевым охлаждением *(г. Карлсруэ, ФРГ)*

KNS [kompakter Natriumsiede-Kreislauf] компактный контур кипения натрия

KNV [katalytische Nach-Verbrennung] (*Syn.* Katalytische Abluft-Verbrennung) каталитическое дожигание (отработавших газов)

KOH [Kalium-Hydroxid, Ätz-Kali] едкое кали, гидроксид калия

Konz. [Konzentration] (*Syn.* C, K) концентрация

KORA

KORA [Konditionierung radioaktiver Abfälle] КОРА - Фирма по кондиционированию радиоактивных отходов *(г. Зейберсдорф, Австрия)*

KRB [Kern-Kraftwerk RWE-Bayernwerk] АЭС «РВЕ Байернвэрк» *(г. Гундремминген, ФРГ)*

KRB [Kern-Kraftwerk RWE-Bayernwerk GmbH, Gundremmingen] Общество по эксплуатации АЭС «РВЕ Байернвэрк» *(г. Гундремминген, ФРГ)*

KRL [Kern-Kraftwerk RWE-LEW] АЭС «РВЕ-ЛЕВ» *(г. Аугсбург, ФРГ)*

KRL [Kern-Kraftwerk RWE-LEW GmbH, Augsburg] Общество по эксплуатации АЭС «РВЕ-ЛЕВ» *(г. Аугсбург, ФРГ)*

KS [Komponenten-Sicherheit] безопасность компонентов, безопасность промежуточного контура *(реактора)*

KS [kosmische Strahlung] космическое излучение

K & S [Kontrolle und Sicherheit] контроль и безопасность

KSA [Eidgenössische Kommission für die Sicherheit der Atom-Anlagen] Швейцарская комиссия по безопасности атомных установок

KSH [Kernenergie-Gesellschaft Schleswig-Holstein mbH, Geesthacht] Шлезвиг-Гольштейнское общество с ограниченной ответственностью по ядерной энергетике *(г. Гестгахт)*

KSH [Kern-Kraftwerk Schleswig-Holstein] АЭС в земле Шлезвиг-Гольштейн *(ФРГ)*

KSS [Eidgenössische Kommission für Strahlen-Schutz] *(Syn.* EKS) Швейцарская комиссия по радиационной защите

kSV [korrigiertes Schlamm-Volumen] скорректированный объём ила

KTA [Kerntechnischer Ausschuß] Комитет по ядерным технологиям, Ядерная комиссия по нормам безопасности *(в составе Федерального ведомства по защите от излучений)* *(г. Кёльн, ФРГ)*

KTG [Kerntechnische Gesellschaft] Общество ядерных технологий *(г. Бонн, ФРГ)*

KTK [Kunststoff-Tropfkörper] (капельный) биофильтр с пластмассовой загрузкой

Kü [Klär-überlauf] *(Syn.* Ablauf) слив водоочистных сооружений

KüR [Eidgenössische Kommission zur überwachung der Radioaktivität] Швейцарская комиссия по контролю за радиоактивностью, Швейцарская комиссия радиационного мониторинга *(г. Берн, Швейцария)*

KVS [Kühlmittelverlust-Störfall] авария с потерей теплоносителя

KW [Klar-Wasser] очищенная вода, осветлённая вода; стоки, прошедшие очистку

KW [Klär-Werk] (*Syn.* Klär-Anlage) очистная станция, станция по очистке сточных вод, станция по осветлению сточных вод

KW [Kohlen-Wasserstoff, Kohlen-Wasserstoffe] (*Syn.* KWS) углеводород, углеводороды, CH, HC

KW [Kühl-Wasser] вода, используемая для охлаждения; охлаждающая вода, водный теплоноситель, водяной теплоноситель

KWA [Kernbrennstoff-Wiederaufarbeitung und Abfall-Behandlung] восстановление ядерного топлива и обработка отходов

KWB [Kern-Kraftwerk Borken/Schwan] АЭС в Боркене на р. Шван *(ФРГ)*

KWFZ [kernwaffenfreie Zonen] безъядерные зоны; зоны, свободные от ядерного оружия

KWG [Kessel-Wirkungsgrad] КПД котла

KWG [Kern-Kraftwerk Grohnde] АЭС в г. Гронде *(ФРГ)*

KWG [Kern-Kraftwerk Grohnde GmbH] Общество по эксплуатации АЭС в г. Гронде *(ФРГ)*

KWK [Kern-Kraftwerk Kaiseraugst] (*Syn.* KKK) АЭС в Кайзераугсте *(Швейцария)*

KWK [Kern-Kraftwerk Kaiseraugst AG] Акционерное общество по эксплуатации АЭС в Кайзераугсте *(Швейцария)*

KWK [Kraft-Wärme-Kopplung] комбинированная выработка тепла и электроэнергии, комбинированное производство электрической и тепловой энергии; теплофикация (*Напр.* **KWK-Anlage** *f* теплоэнергетическая установка)

KWKW [Kernwärme-Kraftwerk] (*Syn.* KHKW) атомная теплоэлектростанция, АТЭС

KWL [Kern-Kraftwerk Lingen] АЭС в Лингене *(ФРГ)*

KWL [Kern-Kraftwerk Lingen GmbH] Общество по эксплуатации АЭС в Лингене *(ФРГ)*

KWO [Kern-Kraftwerk Obrigheim] АЭС в Обриггейме *(ФРГ)*

KWO [Kern-Kraftwerk Obrigheim GmbH] Общество по эксплуатации АЭС в Обриггейме *(ФРГ)*

KWS [Kern-Kraftwerk Süd] АЭС «Зюд», Южная АЭС *(ФРГ)*

KWS [Kern-Kraftwerk Süd GmbH] Общество по эксплуатации АЭС «Зюд» *(ФРГ)*

KWS [Kohlen-Wasserstoffe] (*Syn.* KW) углеводороды

KWSH [Kern-Kraftwerk Schleswig-Holstein, Geesthacht] АЭС в земле Шлезвиг-Гольштейн *(г. Гестгахт, ФРГ)*

KWU [Kraftwerk Union AG] Акционерное общество по эксплуатации электростанции «Унион» *(г. Мюльхайм на р. Рур, ФРГ)*

KWW [Kern-Kraftwerk Würgassen] АЭС в Вюргассене *(ФРГ)*

KWW [Kern-Kraftwerk Würgassen GmbH] Общество по эксплуатации АЭС в Вюргассене *(ФРГ)*

L

L [Abwasser-Last] (*Syn.* Abwasser-Belastung, Abwasser-Verschmutzung) загрязнение сточными водами; сброс сточных вод; норма отведения сточных вод

L [Leck-Rate] коэффициент утечки

L [Leicht-Flüssigkeit] лёгкая жидкость

L [Luft] воздух

L [Luft-Menge] расход воздуха

L [Schall-Druckpegel] уровень звукового давления, УЗД; уровень акустического давления

L [Schmutz-Last, Schmutz-Fracht, Schmutz-Gehalt, Schadstoff-Fracht] загрязнённость (стоков); концентрация загрязнений; нагрузка по загрязнениям (на биофильтр)

L eq [Energieäquivalenter Dauerschall-Druckpegel] эквивалентный по энергии длительный уровень звука

Lab [Laboratorium] лаборатория

LAGA [Länder-Arbeitsgemeinschaft Abfall] Межземельная рабочая группа по отходам *(ФРГ)*

LAI [Länder-Ausschuß Immissions-Schutz] Комитет федеральных земель по вопросам загрязнения, Комитет федеральных земель по защите от вредных воздействий на окружающую среду *(ФРГ)*

LANA [Länder-Arbeitsgemeinschaft für Natur-Schutz, Landschafts-Pflege und Erholung] Межземельная рабочая группа по вопросам охраны природы, сохранения ландшафтов и рекреации *(ФРГ)*

Landw. [Land-Wirtschaft] сельское хозяйство

landw. [landwirtschaftlich] (*Syn.* agrarisch) сельскохозяйственный, аграрный

LANIS [Landschafts-Informationssystem] информационная система по ландшафтам *(ФРГ)*

LAVA [Lagerungs- und Verdampfungsanlage für hochaktive Lösungen] установка для хранения и выпаривания высокоактивных растворов *(на регенерационном заводе в г. Карлсруэ, ФРГ)*

LAWA [Länder-Arbeitsgemeinschaft «Wasser und Abwasser»] Межземельная рабочая группа по вопросам водоснабжения и отведения сточных вод *(ФРГ)*

LC [*англ.* lethal concentration] (*нем.* letale Konzentration) летальная концентрация, смертельная концентрация

LC50 [*англ.* lethal concentration LC50] (*нем.* mittlere tödliche Konzentration) средняя смертельная концентрация, CL50 *(концентрация вредного вещества в воздухе, вызывающая гибель 50% подопытных животных)*

LC100 [*англ.* lethal concentration LC100] (*нем.* absolut tödliche Konzentration) абсолютная летальная концентрация, CL100 *(наименьшая концентрация вредного вещества в воздухе, вызывающая гибель не менееe 99% подопытных животных)*

LCP [*англ.* Least Cost Planning] (*нем.* Minimalkosten-Planung) планирование по минимуму, принцип планирования по минимуму *(в целях рационального использования электроэнергии и энергетических мощностей)*

LD [letale Dosis, Letal-Dosis] (*Syn.* DL, tödliche Dosis , Dosis letalis, LD100) летальная доза, смертельная доза *(Ср.* ED)

LD0 [*англ.* No Lethal Dose] (*нем.* maximale nicht letale Dosis, nicht letale Dosis, LD0, Quotient der höchsten nichtletalen Dosis) несмертельная доза; максимальная несмертельная доза; порог несмертельной дозы

LD05 [Letal-Dosis LD05] доза, при которой погибают 5% подопытных животных

LD50 [Letal-Dosis LD50] (*Syn.* Halbwerts-Dosis, mittlere letale Dosis, mittlere Letal-Dosis, mittlere tödliche Dosis) доза половинной выживаемости, доза половинной смертности, среднесмертельная доза, CD50; доза, приводящая к гибели 50% особей; доза, при которой выживает 50% подопытных животных

LD100 [letale Dosis, Letal-Dosis] (*Syn.* LD) (*нем.* absolut tödliche Dosis) абсолютно смертельная доза, абсолютная летальная доза, CD100

LF [landwirtschaftlich genutzte Fläche] (*Syn.* LN, LNF) сельскохозяйственные угодья; земли, занятые под сельскохозяйственными угодьями

LfG [Landes-Amt für Gewässer-Kunde] Земельное ведомство по гидрологии

LHKW [leichte Halogen-Kohlenwasserstoffe, leichtflüchtige Halogen-Kohlenwasserstoffe, leichtflüchtige halogenierte Kohlenwasserstoffe] лёгкие галогенопроизводные углеводородов, летучие галогенопроизводные углеводородов

LHmV [Lösungsmittel-Höchstmengenverordnung] Распоряжение о предельно допустимых концентрациях растворителей

LIDUM [Literatur-Informationsdienst Umwelt] Служба информации об экологической литературе

LIMBA [Luftimmissions-Datenbank] Банк данных по загрязнённости атмосферы

LINEG [Linksrheinische Entwässerungs-Genossenschaft] Левобережное Рейнское общество по дренажу, Левобережное Объединение по отведению в Рейн избыточных грунтовых вод

LIS [Landes-Anstalt für Immissions-Schutz] Земельное ведомство по защите окружающей среды от загрязнений и других вредных воздействий

LIS [Landschafts-Informationssystem] ландшафтно-информационная система, информационная система по ландшафтам *(ФРГ) (разновидность ГИС)*

LIT [Laboratorium für Isotopen-Technik] лаборатория по изотопной технике *(в Центре ядерных исследований, г. Карлсруэ, ФРГ)*

LJV [Landes-Jagdverband] Земельный союз охотников, Союз охотников земли

LK [Landwirtschafts-Kammer] Сельскохозяйственная палата *(ФРГ)*

LK [Luft-Kapazität] воздуховместимость, воздухоёмкость; пористость аэрации

LKA [landschaftsökologische Komplex-Analyse] комплексный анализ экологии природных ландшафтов, комплексное изучение структуры природных ландшафтов

LKG [Landeskultur-Gesetz] Закон о рациональном землепользовании *(в бывшей ГДР)*

Lkw, LKW [Last-Kraft-Wagen] грузовой автомобиль, грузовик *(Напр.* **Flüster-Lkw** *n разг.* бесшумный грузовой автомобиль, малошумный грузовой автомобиль, **Lkw-Fahrer** *m* водитель грузового автомобиля, водитель грузовика; *мн.* водители грузового транспорта, **Lkw-Flut** *f* поток грузовиков, **Lkw-Geräusch** *n* шум грузового автотранспорта, **Lkw-Transit** *n* транзитный проезд грузового транспорта, **Lkw-Verkehr** *m* грузовой автомобильный транспорт, грузовые автомобильные перевозки) (*Ср.* **PkW**)

LM [Lösungs-Mittel] растворитель; *мн.* растворители

LN *См.* **LNF**

LNF [landwirtschaftliche Nutz-Flächen] (*Syn.* LF, LN) сельскохозяйственные угодья

LNU [Landes-Gemeinschaft für Natur-Schutz und Umwelt] Земельное объединение по вопросам окружающей среды и охраны природы *(ФРГ)*

LOAEFL [Lowest Observable Adverse Effect Level] минимальная доза, вызывающая видимое вредное воздействие (*Ср.* **NOEL**)

LöLF [Landes-Anstalt für ökologie, Landschafts-Entwicklung und Forst-Planung NRW] Ведомство по экологии, развитию ландшафтов и лесному планированию земли Северный Рейн-Вестфалия

LPG [*англ.* Liquified Petroleum Gas] (*нем.* Auto-Gas, Flüssig-Gas) сжиженный попутный газ, сжиженный нефтяной газ

LRA [Laboratorium für Reaktor-Regelung und Anlagen-Sicherung] лаборатория по регулированию реакторов и защите ядерных установок *(г. Мюнхен, ФРГ; в составе Общества по безопасности ядерных реакторов)*

LSG [Landschafts-Schutzgebiet] (*англ.* AONB, Area of Outstanding Natural Beauty) ландшафтный заказник, комплексный заказник, ландшафтный резерват; природный заказник

LSL [Lärmschutz-Forderungen für Luft-Fahrzeuge] шумозащитные требования к воздушным судам

LSR [Luftschutz-Raum] противовоздушное убежище; бомбоубежище

LSS, LSST [Landes-Sammelstelle für radioaktive Abfälle] общеземельный пункт сбора радиоактивных отходов, единый пункт сбора радиоактивных отходов *(в федеральных землях ФРГ)*

LTwS [Lagerung und Transport von wassergefährdenden Stoffen, Lagerung und Transport wassergefährdender Stoffe] хранение и транспортировка веществ, загрязняющих воду

LTwS [Beirat Lagerung und Transport wassergefährdender Stoffe beim BMI] Комитет по вопросам хранения и перевозки веществ, загрязняющих воду при Министерстве внутренних дел

LUBI [Amts-Blatt des Bayerischen Staats-Ministeriums für Landes-Entwicklung und Umwelt-Fragen] Официальный вестник Баварского государственного министерства по развитию земли и вопросам экологии

LUFA, LUFAs [Landwirtschaftliche Untersuchungs- und Forschungs-Anstalten] аграрные исследовательские центры и опытные станции

LuftVZO [Luftverkehrs-Zulassungsordnung] Правила допуска к воздушным перевозкам *(ФРГ)*

Lv. [Landes-Verband] земельный союз, земельное объединение *(на уровне федеральных земель ФРГ)*

LVP [Landschaftsverträglichkeits-Prüfung] анализ воздействия проекта на природные ландшафты *(Швейцария)* (*Ср.* UVP)

LVZO *См.* **LuftVZO**

Lw [Schallleistungs-Pegel] уровень звуковой мощности, уровень интенсивности звука

LWA [Landes-Amt für Wasser und Abfall] Земельное управление по водоснабжению и удалению отходов *(ФРГ)*

LWF [Bayerische Landes-Anstalt für Wasser-Forschung] Баварский земельный центр гидрологических исследований

LWGR [leichtwassergekühlter graphitmoderierter Reaktor] (*Syn.* GWR) легководный реактор с графитовым замедлителем

LWR [Leichtwasser-Reaktor] водо-водяной реактор, легководный реактор

LWTR [Leichtwasser-Testreaktor, Großwelzheim] легководный испытательный реактор *(г. Гроссвельцхайм, ФРГ)*

LZL [Langzeit-Lagerung] длительное хранение, долговременное захоронение *(отработанных твэлов)*

М

М [gemischte Bau-Flächen] (*Syn.* MI) территория смешанной застройки, зона смешанной застройки

М [Hoch-Moor] (*Syn.* Hmo) верховое болото

М [Moderator] замедлитель *(в ядерном реакторе)*

МА [gesetzlich festgelegte Mindest-Anforderungen] установленные законом минимальные требования *(к эффективности очистки сточных вод)*, очистные стандарты

MAB, Mab [*англ.* Man and Biosphere-Programme, UNESCO Programme «Man and Biosphere»] (*нем.* Programm «Mensch und Biosphäre») (*Syn.* MAN) Программа ЮНЕСКО «Человек и биосфера», МАБ

MAC [*англ.* Maximum Admissible Concentration, Maximum Allowable Concentration] (*нем.* maximal zulässige Konzentration, MZK) предельно допустимая концентрация, ПДК

MAD [*англ.* Maximum Admissible Discharge] (*нем.* maximal zulässige Einleitung) предельно допустимый сброс *(сточных вод)*

MAG [Mobile Abfall-Gruppe] мобильная группа по борьбе с отходами

MAK [maximale Arbeitsplatz-Konzentration] (*Syn.* maximal zulässige Arbeitsplatz-Konzentration, MAK-Wert) предельно допустимая концентрация вредных веществ в воздухе рабочей зоны, ПДК для рабочей зоны

man-Gy *англ.* (*нем.* Personen-Gray) человеко-грей, чел-Гр

man-Sv *англ.* (*нем.* Personen-Sievert) человеко-зиверт, чел-Зв

MAN *См.* МАВ

MARPOL [*англ.* Marine Pollution] (*нем.* Meeres-Verschmutzung) загрязнение морской среды (*Напр.* **MARPOL-übereinkommen** *n (Internationales übereinkommen zur Verhütung der Meeres-Verschmutzung durch Schiffe)* Конвенция МАРПОЛ *(Международная конвенция по предотвращению загрязнения моря с судов)*

MAVA [Mittelaktive Verarbeitungs-Anlage für flüssige Abfälle] установка по переработке жидких отходов средней активности *(на регенерационном заводе в г. Карлсруэ, ФРГ)*

MB [Misch-Bett] смешанный (фильтрующий) слой

MBA [mechanisch biologische Abfall-Aufbereitung] предварительная механико-биологическая обработка отходов

mbH [mit beschränkter Haftung] с ограниченной ответственностью (*См.тж.* **GmbH, Ges.**)

MBK [maximal zumutbare biologische Konzentration] предельно допустимая биоконцентрация

MBZ [mittlere Besiedlungs-Zahl] средняя населённость

MD [Maximal-Dosis] максимальная доза, предельная доза, предельно допустимая доза

MDT [maximal zulässige Tages-Dosis] максимально допустимая суточная доза, максимальная суточная доза; предельно допустимая суточная доза

MED [maximal zugelassene Einzel-Dosis] (*Syn.* EMD) максимально допустимая разовая доза

MEK [maximale Emissions-Konzentration] предельно допустимая концентрация (ПДК) загрязняющих веществ в выбросах

MF [Mikro-Filtration] микрофильтрация

MFA [minimale feststellbare Aktivität] минимальная регистрируемая радиоактивность

MHq [mittlere Hochwasser-Spende] средний модуль паводкового стока

M.H.Q. [mittlere Hochwasser-Menge] средний паводковый расход

M.H.W. [Mittel-Hochwasser] средний паводок

M.H.W. [Mittel-Hochwasserstand, mittlerer Hochwasser-Stand] средний уровень паводковых вод, средний паводковый уровень *(за определённый период)*

M.H.W. [mittlerer höchster Wasser-Stand] средний наиболее высокий уровень воды

MI [Misch-Gebiet] (*Syn.* M) зона смешанной застройки, смешанная зона

MIC [Methyl-Iso-Cyanat] метилизоцианат, МИЦ, CH_3NCO

MIK [maximale Immissions-Konzentration] (*Syn.* MIK-Werte) предельно допустимая концентрация (вредных) примесей в атмосфере, предельно допустимая концентрация (ПДК) загрязняющих веществ в окружающем воздухе

MIKD [maximale Immissions-Konzentration MIKD] (*Syn.* maximaler Dauer-Grenzwert) предельно допустимая долговременная концентрация загрязнений

MIKK [maximale Immissions-Konzentration MIKK] (*Syn.* Kurzzeit-Grenzwert) предельно допустимая кратковременная концентрация загрязнений

MIR [maximale Immissions-Rate(n)] максимальное поступление вредных веществ в атмосферу

MK [Kern-Gebiet, Kern-Raum] основной район расселения, урбанизированный район, густонаселённый район; ядро, центр *(агломерации)*

MKFP [Membran-Kammer-Filterpresse] мебранно-камерный пресс-фильтр

MKK [Müll-Klärschlamm-Kompost] компост из твёрдых бытовых отходов и осадков сточных вод

MKR [Magnetische Kern-Resonanz] (*Syn.* NMR) ядерный магнитный резонанс, ЯМР

MNq [mittlere Niedrigwasser-Spende] среднеминимальный модуль стока

Mo [Moor-Boden] болотная почва, болотный грунт

MOK [maximale Organ-Konzentration] максимальная концентрация *(вредных веществ)* в органе

MOWA [Mobile Wasteverfestigungs-Anlage] передвижная установка для отверждения отходов *(фирма Nukem, г. Ханау, ФРГ)*

MQ [mittlere Wasser-Führung] средняя обводнённость

Mq среднемноголетний модуль стока

MRK [maximale Raumluft-Konzentration] предельно допустимая концентрация (ПДК) в воздухе закрытых помещений

MS [Massen-Spektrometer] масс-спектрометр

MS [multiple Sklerose] рассеянный склероз

MSA *[англ.* Metropolitan Statistical Area] *(нем.* Stadt-Region, Groß- Raum) Метрополитенский статистический ареал, МСА, метрополитенская территория *(в США: территориальная единица для учета городский агломераций)*

MTD [Maximal-Tagesdosis] *(Syn.* maximal zulässige Tages-Dosis) максимальная суточная доза, предельно допустимая суточная доза

MUK [Mobiles Umweltschutz-Kommando] передвижной отряд по расследованию экологических правонарушений

MVA [Müllverarbeitungs-Anlage] мусоросжигательная установка; пиролизная установка; мусороперерабатывающий завод

MVA [Müllverbrennungs-Anlage] *(Syn.* Abfallverbrennungs-Anlage) (мусоро)сжигательная установка, установка для сжигания мусора; мусоросжигательный агрегат, инсинератор; мусоросжигательный завод

MZA [maximal zulässige Aktivität] предельно допустимая радиоактивность

MZD [maximal zulässige äquivalent-Dosis] предельно допустимая эквивалентная доза

MZD [maximal zulässige Dosis] *(Syn.* höchstzulässige Dosis) предельно допустимая доза, максимальная доза

MZFR [Mehrzweck-Forschungsreaktor] универсальный исследовательский реактор

MZK [maximal zulässige Aktivitäts-Konzentration] предельно допустимая концентрация радиоактивности

MZK [maximal zulässige Konzentration] (*Syn.* MAC) предельно допустимая концентрация, ПДК

MZKB [maximal zulässige Körper-Belastung] предельно допустимое облучение всего тела

MZM [maximal zulässige Menge] предельно допустимое количество

N

N [Jahres-Niederschläge] годовые осадки, годовое количество осадков

N [Nieder-Moor] низинное болото

N [Nitrifikation] нитрификция

N [Nitrogenium] (*Syn.* Stick-Stoff) азот, N; соединения азота (*Напр.* **Gesamt-N** общее содержание соединений азота, **N-Abbau** *m* снижение содержания азотных соединений, **N-Abgasung** *f* дегазация азота, выведение газообразного азота, **N-Auswaschung** *f* вымывание азота; вымывание нитратов, **N-Eintrag** *m* попадание соединений азота; привнесение соединений азота; загрязнение азотом)

N2 [Nitrogenium] азот

NA [natürliche Aktivität] естественная активность

NA [Normen-Ausschuß] комитет по нормам и стандартам; комиссия по нормативам, комиссия по стандартизации

NAA [Neutronenaktivierungs-Analyse] нейтронно-активационный анализ, нейтронный активационный анализ, НАА

NABU [Naturschutz-Bund Deutschland e.V.] (*Syn.* NSBD) Немецкий природоохранный союз (*до 1992 г. Немецкий союз защиты птиц*)

NAGRA [Nationale Genossenschaft für die Lagerung radioaktiver Abfälle] Национальная ассоциация по захоронению радиоактивных отходов (*Швейцария*)

NAGUS [Normen-Ausschuß Grundlagen des Umwelt-Schutzes] Комитет по нормам и стандартам «Основы охраны окружающей среды» (*в составе Немецкого института стандартизации DIN*)

NAMUR [Normen-Ausschuß Messen und Regeln] Комитет по нормам и стандартам в области измерительно-регулирующей техники

NaOH [Natrium-Hydroxid] (*Syn.* ätz-Natron) гидроксид натрия, едкий натр, каустическая сода

NAR [Normen-Ausschuß Radiologie] Комитет по радиологическим нормам и стандартам

Nat. [Natur] природа

NaturschutzR [Naturschutz-Recht] природоохранное право, природоохранительное право, экологическое право; природоохранное законодательство

NAW [Normen-Ausschuß Wasser-Wesen] Комитет по нормам и стандартам в области гидротехники

NBau [Normen-Ausschuß Bau-Wesen] Комитет по нормам и стандартам в области строительства

NC-B [Nickel-Cadmium-Batterien] (*Syn.* Nickel-Cadmium-Akkumulatoren, Nickel-Cadmium-Sammler) никеле-кадмиевые аккумуляторы, никеле-кадмиевые аккумуляторные батареи

NE [Nichteisen☐; Nichteisen-Metalle] цветные *(о металлах)* (*Напр.* **NE-Metalle** *npl* цветные металлы, **NE-Separiergerät** *n* сепаратор цветных материалов; сепаратор цветных металлов)

NEL [*англ.* No-Effect-Level] (*Syn.* NOEL) (*нем.* NEL-Wert, tolerierbare Dosis) подпороговая доза *(предельная доза, не вызывающая достоверных изменений в организме)*; безвредная доза

NEZ [Nukleares Entsorgungszentrum] Центр по обезвреживанию и удалению ядерных отходов *(ФРГ)*

NGA [Nationale Gesellschaft zur Förderung der industriellen Atom-Technik] Национальное общество содействия развитию промышленной ядерной технологии *(Швейцария)*

NH3 [Ammoniak] аммиак

NHG [Bundes-Gesetz über den Natur- und Heimat-Schutz] Федеральный закон об охране природы, защите культурных и природных памятников *(Швейцария)*

NHTR [Natriumgekühlter Hochtemperatur-Reaktor] высокотемпературный реактор с натриевым охлаждением

Ni [Nickel] никель

NILE [*нем.* überschuß-Aktivität] избыточная радиоактивность *(%)*

NIOSH [*англ.* National Institute for Occupational Safety and Health] (*нем.* National-Institut für Arbeits-Sicherheit und Gesundheit am Arbeits-Platz) Национальный институт по безопасности труда и здоровья на рабочем месте (США)

NK [Not-Kühlung] аварийное расхолаживание, аварийное охлаждение; аварийная система охлаждения *(ядерного реактора)*

NKB [Nachklär-Becken] вторичный отстойник

NKE [NA Kern-Technik, Normen-Ausschuß Kern-Technik] Комитет по нормам и стандартам в области ядерной технологии

NLfB [Niedersächsisches Landes-Amt für Boden-Forschung] Ведомство земли Нижняя Саксония по вопросам изучения почв

Nluft [Normen-Ausschuß Luft-Reinhaltung] Комитет по нормам и стандартам в области защиты атмосферы от загрязнения

NMR [*англ.* Nuclear Magnetic Resonance] (*Syn.* MKR) ядерно-магнитный резонанс, ядерный магнитный резонанс, ЯМР

NNG [Normnutzungs-Grad] нормативный срок эксплуатации

NO [Stickstoff-Oxid, nitroses Gas] оксид азота, нитрозный газ

NO3 [Nitrat] нитраты

NOEL [*англ.* No Observed Effect Level, No Observable Effect Level] (*Syn.* NEL) (*нем.* Dosis ohne erkennbare Wirkung, unterschwellige Dosis) подпороговая доза; доза, не оказывающая видимого эффекта; доза, не оказывающая видимого воздействия (*Ср.* **LOAEFL**)

NORDAC [Norddeutsches Altlasten-Sanierungszentrum] Северогерманский центр по санированию загрязнённых территорий

NOX [Stickstoff-Oxide, Stick-Oxide] (*Syn.* NO, nitroses Gas) оксиды азота; нитрозный газ (*Напр.* **NOX-Abgasreinigung** *f* очистка отходящих газов от окислов азота, **NOX-Abgasreinigungs-Anlage** *f* денитрификационная установка, установка по очистке отходящих газов от окислов азота)

NQ [Niederwasser-Menge] меженный расход *(м3/сек)*

NRC [*англ.* National Reconditioning Center] Национальный центр по восстановлению природной среды *(США)*

NRC [*англ.* Nuclear Regulatory Commission] (*нем.* amerikanische Atom-Aufsichtsbehörde) Комиссия по атомному надзору *(США)*

NRPB [*англ.* National Radiological Protection Board] Национальная комиссия по радиационной защите *(Великобритания)*

NSBD [Naturschutz-Bund Deutschland e.V] (*Syn.* NABU) Немецкий природоохранный союз *(до 1992 г. Немецкий союз защиты птиц)*

NSG [Naturschutz-Gebiet] (*Syn.* Schutz-Gebiet) охраняемая природная территория; *мн.тж.* заказники и заповедники

NTA [Nitrilo-Tri-Acetat] нитрилотриацетат

Ntf [Natur-Forscher] естествоиспытатель

NuL [Natur und Landschaft] журнал «Природа и ландшафт»

NuR [Natur und Recht] журнал «Природа и право»

NV [Nichtverbreitung] нераспространение *(ядерного оружия)*

NV [Nichtverbreitungs-Vertrag] *(Syn.* Kernwaffen-Sperrvertrag) Договор о нераспространении ядерного оружия

N.W. [Niedrigwasser-Abfluß] меженный сток

NW [Nordrhein-Westfalen] земля Северный Рейн-Вестфалия *(ФРГ)*

NWA [Nachwärme-Abfuhr] отведение сбросного тепла; аварийный отвод тепла *(от реактора)* *(Напр.* **NWA-System** *n* система отвода отходящего тепла)

NWSp [Niederwasser-Spiegel] низший уровень воды

Ö

ö [öd-Land] пустошь; бросовая земля

ö [österreich] Австрия

O [Oxygenium] *(Syn.* Sauer-Stoff) кислород; атом кислорода

O2 [Oxygenium] Sauerstoff кислород, O2

O3 [Ozon] озон, O3

OB [Sauerstoff-Last] нагрузка по кислороду

OCB [Octa-Chlor-Biphenyl] октахлорбифенил

OD [Oberflächen-Dosis] поверхностная доза

ODL [Ortsdosis-Leistung] мощность местной дозы

OECD [*англ.* Organization for Economic Cooperation and Development] (*нем.* Organisation für wirtschaftliche Zusammenarbeit und Entwicklung) Организация экономического сотрудничества и развития, ОЭСР

öff. [öffentlich] общественный *(о транспорте);* городской, коммунальный *(об очистных сооружениях);* государственный *(о средствах)*

öJV [ökologischer Jagd-Verband] Союз охотников-сторонников экологичной охоты

OILPOL, Oilpol [*англ.* Oil Pollution Convention] (*нем.* Internationales übereinkommen zur Verhütung der Verschmutzung der See durch öl) Международная конвенция по предотвращению загрязнения моря нефтью

ОК [Oberflächen-Kultur] *(Ant.)* поверхностная культура *(в биотехнологии)*

öNB [österreichischer Naturschutz-Bund] Австрийский союз охраны природы

öPNV [öffentlicher Personen-Nahverkehr] *(Syn.* öffentliche Verkehrs-Mittel) общественный городской транспорт, пассажирское сообщение транспортом общего пользования

org. [organisch] органический

OS [organische Substanz] органическое вещество

öSK [ölunfall-Ausschluß See/Küste] Комиссия федерации и земель по предупреждению аварийных разливов нефти в открытом море и на побережье *(ФРГ)*

OTR [organische Trocken-Substanz) органическое сухое вещество *(Напр.* **OTR-Fracht** *f* органическая нагрузка по сухому веществу)

oTS [organische Schlamm-Trocken-Substanz] органическое сухое вещество шлама

OV [Atmungs-Aktivität, Respirations-Rate] 1. *биол.* скорость респирации, дыхательная активность 2. *с.в.* поглощение кислорода, потребление кислорода *(активным илом)*

OZ [Oktan-Zahl] октановое число *(бензина)*

P

P [Phosphor] фосфор; фосфаты *(Напр.* **Gesamt-P** *n* общее содержание фосфатов **P-Abbau** снижение содержания фосфора *(в стоках)*, **P-Elimination** *f* удаление (соединений) фосфора, удаление фосфатов, очистка от соединений фосфора, **P-Verfahren** *n* метод биологической очистки с добавлением соединений фосфора)

P [Probe] проба; образец

P [Produzenten] производители

P [Schall-Leistung] звуковая мощность, акустическая мощность; мощность звука

PA [Poly-Amid] полиамид

PAA [Partiell aerob + Aerob] частично аэробный плюс аэробный *(Напр.* **PAA-Verfahren** *n* каскадная технология обработки промышленных стоков с двухступенчатой аэробной очисткой - *фирма Uhde)*

PAH, PAHs [*англ.* Polycyclic Aromatic Hydrocarbon] *(Syn.* РАК) полициклические ароматические углеводороды, ПАУ

PAK, PAKs [polycyclische aromatische Kohlen-Wasserstoffe] (*Syn.* PAH) полициклические ароматические углеводороды, ПАУ

PAN [Peroxy-Acetyl-Nitrat, Peroxy-Acetyl-Nitrate] пероксиацетилнитрат(ы), ПАН, ACOONO2

PAN [Pestizid-Aktions-Netzwerk] Инициативная организация за сокращение применения пестицидов

PAN [Poly-Acryl-Nitril] полиакрилонитрил

Pb [Plumbum] (*Syn.* Blei) свинец (*Напр.* **Pb-Gleichwert** *n* свинцовый эквивалент)

Pb(CH$_3$)$_4$ [Blei-Tetra-Methyl] тетраметилсвинец

Pb(C$_2$H$_5$)$_4$ [Blei-Tetra-äthyl] (*Syn.* TEL) тетраэтилсвинец

PBB [PolyBromierte Biphenyle] полибромированные бифенилы, ПББ

PBDD [PolyBromierte Dibenzo-Dioxine] полибромированные дибензодиоксины

PBDE [*англ.* Poly-Brominated Diphenyl-Ether] (*нем.* polybromiertes Diphenyl-äther) полибромированный дибенилэфир

PBDF [PolyBromierte Dibenzo-Furane] полибромированные дибензофураны

PBN [Peroxy-Buturyl-Nitrat] пероксибутурилнитрат, нитрат пироксибутурила

PCA [PolyCyclische Aromaten] полициклические ароматические углеводороды

PCB, PCBs [PolyChlorierte Biphenyle, Polychloriertes Bipenyl] полихлорированные бифенилы, ПХБ (*Напр.* **PCB-Belastung** *f* обременённость полихлорированными бифенилами, содержание полихлорированных бифенилов *(в организме, в стоках)*, **PCB-Ersatzstoff-Katalog** *m* каталог веществ-заменителей полихлорированных бифенилов, **PCB-Exposition** *f* подверженность вредному воздействию полихлорированных бифенилов, **PCB-Konzentration** *f* концентрация полихлорированных бифенилов, содержание полихлорированных бифенилов)

PCDD [PolyChlorierte Dibenzo-Dioxine, Polychloriertes Dibenzo-Dioxin] полихлорированные дибензодиоксины

PCDF [PolyChlorierte Dibenzo-Furane] полихлорированные дибензофураны

PCK [PolyCyclische Kohlen-Wasserstoffe] полициклические углеводороды

PCN [PolyChloriertes Naphthalin] полихлорированный нафталин, полихлорнафталин

PCNB [Penta-Chlor-Nitro-Benzol] пентахлорнитробензол

PCP [Penta-Chlor-Phenol] пентахлорфенол, ПХФ

PCQ [Poly-Chlor-Quarter-Phenyl] полихлоркватерфенил

PCT [polychlorierte Ter-Phenyle] полихлорированные терфенилы

PE [Poly-Ethylen] полиэтилен, ПЭ

PEC [chloriertes Poly-Ethylen] (*Syn.* CPE) хлорированный полиэтилен, хорполиэтилен

Per, PER [Per-Chlor-Ethylen] (*Syn.* Tetra-Chlor-Ethylen, Tetra-Chlor-Ethan) перхлорэтилен, тетрахлорэтилен

PEV [Primärenergie-Verbrauch] потребление первичных энергетических ресурсов

PF [Phenol-Formaldehyd] фенолформальдегид

PF [Phenol-Formaldehyd-Harze] феноло-формальдегидные смолы

Pfl [Pflanze] растение

PflRe [Pflanzen-Reste] растительные остатки, остатки растений

PflSchG [Pflanzenschutz-Gesetz, Gesetz zum Schutz der Kultur-Pflanzen] Закон о защите растений

PFR [*англ.* Prototype Fast Reactor опытный быстрый реактор] реактор PFR *(Великобритания)* (*Напр.* **PFR-Störfall** *m* авария на реакторе PFR)

pH [*лат.* pondus hydrogenii] (*Syn.* Azidität, Säure-Gehalt, **pH-Wert** *m* Wasserstoff-Exponent, Wasserstoffionen-Konzentration) значение pH, показатель pH, pH, показатель концентрации водородных ионов; (водородный) показатель кислотности, кислотность (*Напр.* **pH-Abfall** *m* (резкое) снижение показателя pH, **pH-abhängig** *Adj* зависящий от показателя pH, **pH-Anhebung** *f* повышение показателя pH, **pH-Anzeigegerät** *n* индикатор pH; индикатор кислотности почв, **pH-Bereich** *m* область значений показателя pH, **pH-Bestimmung** *f* определение pH; определение кислотности почв, **pH-Gebiet** *n* область значений показателя pH, **pH-Kontrolle** *f* контроль показателя pH, **pH-Messer** *m* прибор для измерения pH, **pH-Messung** *f* измерение показателя pH, **pH-Optimum** *n* оптимальный уровень показателя pH, **pH-Test** *m* проверка показателя pH, **pH-Verschiebung** *f* изменение показателя pH)

Pkw, PKW [Personen-Kraftwagen] легковой автомобиль (*Напр.* **Pkw-Abgase** *npl* выхлопные газы легковых автомобилей, отработавшие газы легковых автомобилей, **Pkw-Fahrer** *m* водитель легкового автомобиля; *мн.* водители легкового транспорта, **Pkw-Bestand** *m* парк автомобилей, **Pkw-Lärmeinheit** *f* условная единица шумности одного автомобиля, условная шумоединица для легковых автомобилей, **Pkw-Motorisierung** *f* рост числа легковых автомобилей, **Pkw-Verkehr** *m* легковой атвотранспорт; перевозка пассажиров легковыми автомобилями) (*Ср.* LkW)

PKW-LE [PKW-Lärmeinheit] условная единица шумности одного автомобиля, условная шумоединица для легковых автомобилей

PLA [Produktlinien-Analyse] анализ экологичности изделия в течение всего жизненного цикла

PMG [*англ.* Project Management Group] (*Syn.* PMT) (*нем.* Projekt-Leitung) группа по руководству проектом *(по созданию еврореактора)*

PMT [*англ.* Project Management Team] (*Syn.* PMG) (*нем.* Projekt-Leitung) группа по руководству проектом *(по созданию еврореактора)*

PNL [*англ.* Perceived Noise Level] (*нем.* wahrnehmbarer Lärm-Pegel) воспринимаемый уровень шума

PNS [peripheres Nerven-System] периферийная нервная система, ПНС

Pop. [Population] популяция

POS [Psychoorganisches Syndrom] психоорганический синдром

POTW [*англ.* publicly owned treatment works] (*нем.* öffentliche Abwasser-Anlagen) городские очистные сооружения, коммунальные очистные сооружения, очистные сооружения общего пользования

POX [ausblasbare organisch gebundene Halogene] выдуваемые галогеносодержащие органические соединения; органо-галогенные соединения, извлекаемые методом барботирования

PP [Poly-Propylen] полипропилен

ppb [*англ.* parts per billion,10-9] (*нем.* Milliardstel, Teile auf eine Milliarde; Teile pro Billion) частей на миллиард *(напр. 1 мг/т)*

pphm [*англ.* parts per hundred million, 10-8] (*нем.* Hundertmillionstel, Teile auf hundert Millionen) частей на сто миллионов

ppm [*англ.* parts per million, 10-6] (*нем.* Millionstel, Teile auf eine Million, Teile pro Million) частей на миллион *(напр. 1 мм3/л или 1 мг/кг или 1 г/т)*

PPN [Peroxy-Propionyl-Nitrat] пероксипропионилнитрат, нитрат пироксипропионила

ppq [*англ.* parts per quadrillion, 10-15] (*нем.* Billiardstel, Teile auf eine Billiarde) частей на квадрильон *(напр. 1 пг/кг, где пг -пикограмм)*

ppt [*англ.* parts per trillion, 10-12] 1. (*нем.* Billionstel, Teile auf eine Billion) частей на триллион *(напр. 1 μг/т или 1 нг/кг, где нг - нанограмм)*

ppt [*англ.* parts per trillion, 10-18] (*нем.* Trillionstel, Teile auf eine Trillion) частей на квинтиллион (*американский триллион*)

PR [Prozeßwärme-Reaktor] реактор для производства промышленного тепла, реактор для производства технологического тепла (*г. Гросвельцхайм, ФРГ*)

PR [Prüf-Reaktor] (*Syn.* Test-Reaktor) испытательный реактор

prim. [primär] первичный

PS [Polystyrol] (*Syn.* PST) полистирол

PSA [Pflanzenschutz-Amt] ведомство защиты растений; управление защиты растений

PSM [Pflanzenschutz-Mittel] (*Syn.* Pflanzenbehandlungs-Mittel, Pflanzenschutz-Geräte) пестицидный препарат, пестицид; *мн. (химические и технические)* средства защиты растений; пестициды

PST [Polystyrol] (*Syn.* PS) полистирол

PSü [periodische Sicherheits-überprüfung] периодическая инспекция состояния безопасности

PTB [Physikalisch-Technische Bundes-Anstalt] Федеральный физико-технический центр

PTS [*англ.* Permanent Threshold Shift] (*нем.* irreversible Verschiebung der Hör-Schwelle) постоянный пороговый сдвиг, постоянное изменение порога (*в аудиометрии*)

PU [Poly-Urethan] (*Syn.* PUR) полиуретан

Pu [Plutonium] плутоний, Pu

PUR [Poly-Urethan] (*Syn.* PU) полиуретан

PVAC [Poly-Vinil-Acetat] поливинилацетат

PVC [Poly-Vinil-Chlorid] поливинилхлорид (*Напр.* **PVC-Abfälle** *mpl* поливинилхлоридные отходы; отходы, содержащие поливинилхлорид, **PVC-Folien** *fpl* поливинилхлоридные плёнки, **PVC-Getränkeflaschen** *fpl* поливинилхлоридные бутылки, **PVC-Herstellung** *f* производство поливинилхлоридов)

PWL [*англ.* Power Level] (*Syn.* Leistungs-Pegel, Leistungs-Niveau) уровень мощности

Q

Q [Qualität] качество (*продукции*)

Q [Qualitäts-Faktor] (*Syn.* QF) 1. фактор качества 2. *рад.* коэффициент качества (*излучения*)

Q [Quelle] водоисточник, источник

Q [Wärme-Menge] количество тепла; количество теплоты

Q [Wasser-Menge, Durchfluß] расход воды

q [Abfluß-Spende] модуль стока

QA [Abfluß-Spende] модуль стока

qA [Abgas-Verlust] потери тепла с отработавшими газами, потери энергии с отработавшими газами *(%)*

QF [Qualitäts-Faktor] *(Syn.* Q) 1. фактор качества 2. *рад.* коэффициент качества *(излучения)* *(Ср.* **RBW)**

R

R [Röntgen] рентген, Р, R

RA [radioaktiv] радиоактивный

RA [Retardations-Anlage] замедлитель, ингибитор, ингибиторная установка

Rad, RAD [*англ.* Radiation Absorbed Dose поглощённая доза излучения] рад, rd *(внесистемная единица поглощённой дозы излучения)*

rad [radioaktive Substanzen] радиоактивные вещества

RADAbfV [Verordnung über die Beseitigung radioaktiver Abfälle] Распоряжение по вопросам ликвидации радиоактивных отходов *(ФРГ)*

RADökV [Radioökologie-Verordnung] Распоряжение по вопросам радиоэкологии

RAL 1. *ист.* [Reichs-Ausschuß für Liefer-Bedingungen] (бывший) Имперский комитет по условиям поставок *(1925)* 2. *совр. (Ausschuß für Liefer-Bedingungen und Güte-Sicherung /im DIN/)* Комитет по условиям поставок и обеспечению качества *(в составе Немецкого института стандартизации DIN)*

RAL [RAL Deutsches Institut für Güte-Sicherung und Kennzeichnung e.V.] РАЛ - Институт обеспечения качества и маркировки, Институт RAL

RAL-UZ [RAL-Umweltzeichen] знак экологичности, присуждаемый институтом RAL

RBE [*англ.* Relative Biological Effectiveness; Relative Biological Activity] *(нем.* relative biologische Effektivität) *(Syn.* RBW) относительная биологическая эффективность; относительная биологическая активность

RBW [relative biologische Wirksamkeit] (*Syn.* RBE, RBW-Faktor) относительная биологическая эффективность (*Ср.* **QF**)

rd *См.* **Rad**

RDB [Reaktor-Druckbehälter] корпус ядерного реактора; напорный сосуд, бак высокого давления

Re [Reynolds-Zahl] число Рейнольдса (*безразмерный показатель, описывающий интенсивность турбулентности как следствие перемешивания*)

REA [Rauchgasentschwefelungs-Anlage] установка обессеривания дымовых газов

Rem [*англ.* Roentgen Equivalent Man] (*нем.* REM, rem, Rem-Einheit, biologisches Röntgen-äquivalent) бэр (*биологический эквивалент рентгена*), рем

RESA [Reaktor-Schnellabschaltung] аварийный останов, аварийное выключение, экстренное отключение реактора

RESI [Reaktorsicherheits-Information] информация о безопасности ядерных реакторов (*Центр ядерных исследований, г. Карлсруэ, ФРГ*)

RestBestV [Reststoffbestimmungs-Verordnung] Распоряжение о порядке выявления производственных отходов

RF [Resorcin-Formaldehyd-Harz] резорцино-формальдегидные смолы

RF [Rückhalte-Faktor] коэффициент выдержки

RFA [Röntgen-Fluoreszenz-Analyse] рентгенофлуоресцентный анализ, рентгеновский люминесцентный анализ

RFLP [Restriktions-Fragment-Längen-Polymorphismus] полиморфизм длины лимитирующих фрагментов (*в биотехнологии*)

RFU [Rheinland-Pfälzisches Fernüberwachungs-Netz] сеть дистанционного мониторинга земли Рейнланд-Пфальц

RiWA [Riesel-Wasser] оросительная вода (*для полива напуском*)

RJG [Reichs-Jagdgesetz] Имперский закон об охоте (*1933-1989*)

RK [Rotes Kreuz] Красный Крест

RNA [*англ.* RiboNucleic Acid] (*нем.* Ribo-Nuclein-Säure) рибонуклеиновая кислота

RNG [Reichs-Naturschutz-Gesetz] Имперский закон об охране природы (*1935-1976*)

RNV [Regenerative Nach-Verbrennung] (*Syn.* Regenerative Abluft-Verbrennung) восстановительное дожигание, восстановительное окисление *(отработавших газов)*

RO [*англ.* Reverse-Osmose] (*нем.* Umkehr-Osmose, Ultra-Filtration) обратный осмос, гиперфильтрация

RöE [Rohöl-Einheit, Rohöl-äquivalent] единица условного топлива, нефтяной эквивалент, н.э.; условных единиц в пересчёте на сырую нефть (*Ср.* SKE)

ROG [Raumordnungs-Gesetz] Закон о территориальном планировании, Закон о районной планировке *(ФРГ)*

RöV [Röntgen-Verordnung] Распоряжение о защите от вредного воздействия рентгеновского излучения, Распоряжение об обеспечении безопасности при использовании рентгеновских установок

RPG [Raumplanungs-Gesetz] Закон о территориальном планировании *(Швейцария)*

RPV [Raumplanungs-Verordnung] Распоряжение о территориальном планировании *(Швейцария)*

RS [Reaktor-Sicherheit] безопасность ядерных реакторов

RS [Rücklauf-Schlamm] возвратный ил

RSB [Reaktor-Sicherheitsbehälter]) защитная оболочка, противоаварийная оболочка *(реактора)*

RSK [*англ.* Reactor Safety Commission] (*нем.* Reaktorsicherheits-Kommission) Комиссия по безопасности ядерных реакторов

RT [Raum-Temperatur] комнатная температура

RT [Riesel-Turm] оросительная башня

Rü [Regen-überlauf] (*Syn.* Regen-überfall) ливневый водосброс, ливнеотвод

RWA [Rauch- und Wärmeabzugs-Anlagen] установки по отведению дыма и тепла

RWE [Rheinisch-Westfaelische Elektrizitäts AG, Rheinisch-Westfälische Elektrizitäts-Werke] «РВЭ - Рейнско-Вестфаленское энергетическое общество» (*крупная фирма-поставщик электроэнергии, г. Эссен, ФРГ)*

RWV [rationelle Wasser-Verwendung] (*Syn.* rationelle Wasser-Nutzung) рациональное водопользование

S

S [Kompressibilität] сжимаемость; коэффициент сжатия

S [Saprobien-Index] индекс сапробности, коэффициент сапробности

S [Saprobien-Stufe] категория сапробности, класс сапробности, степень сапробности

S [Schlamm-Kennwert, Substrat-Konzentration] (*Syn.* SVI) иловый индекс, концентрация субстрата

S [Schwebstoff-Filter] фильтр со взвешенным слоем; воздушный фильтр для взвешенных веществ

S [Schwefel] сера, S

S [Schwer-Flüssigkeit] тяжёлая жидкость

S [Schwingstärke-Maß] количественная мера силы колебаний

S [Standard-Abweichung] стандартное отклонение

S [Substrat] субстрат

S [Substrat-Atmung] субстратное дыхание

S [Substrat-Konzentration, Schlamm-Kennwert] концентрация субстрата, иловый индекс

SA [Schlamm-Alter] возраст ила *(в сутках)*

SAAS [Staatliches Amt für Atom-Sicherheit und Strahlen-Schutz] Государственное ведомство ядерной безопасности и противорадиационной защиты*(в бывшей ГДР, до 1990г.)*

SAM [Sonderabfall-Management-Gesellschaft] общество по удалению и обезвреживанию опасных отходов, общество менеджмента опасных отходов

Sb [Stibium] (*Syn.* Antimon) сурьма

SBN [Schweizerischer Bund für Natur-Schutz] Швейцарский союз охраны природы

SBR [Schneller Brut-Reaktor] быстрый реактор-размножитель, реактор на быстрых нейтронах

SBV [Schmutzwasser-Belastung des Vorfluters] нагрузка загрязнённых стоков на гидрографическую сеть

SCS [*англ.* Soil Conservation Service] Служба мелиорации и сохранения плодородия почв, Служба охраны почв и природных ландшафтов *(США)*

SDW [Schutz-Gemeinschaft Deutscher Wald e.V.] Немецкое объединение по охране лесов

SDWild [Schutz-Gemeinschaft Deutsches Wild e.V.] Немецкое объединение по охране диких животных

SE [Schad-Einheit] единица вредоносности, единица вредности, условная единица загрязнённости *(сточных вод)*

sek. [sekundär] вторичный

SERO [Sekundär-Rohstoffe] *(Syn.* SRS) вторичные материальные ресурсы; вторичное сырьё

SERO [Sekundär-Rohstoff-Abfallwirtschaft] *(Syn.* SERO-System) система сбора и переработки вторичного сырья и отходов

SFK [Störfall-Kommission] Комиссия по расследованию причин аварии

SGK [Schweizer Gesellschaft der Kern-Fachleute] Швейцарское общество специалистов-ядерщиков

SHHB [Schleswig-Holsteinischer Heimat-Bund e.V.] Краеведческий союз земли Шлезвиг-Гольштейн *(ФРГ)*

S.H.W. [Sommer-Hochwasser] летний паводок

S.H.W. [Sommer-Hochwasserstand] летний уровень высоких вод, летний уровень паводковых вод

SIB [Sack-im-Behälter-System] мешочно-контейнерная система сбора отходов

SIDS [plötzliche Kindes-Tode] внезапная детская смертность, случаи внезапной детской смертности

SIN [Schweizerisches Institut für Nuklear-Forschung] Швейцарский институт ядерных исследований *(г. Виллинген)*

SK [Suspensions-Kultur] *(Ant.* OK) погружённая культура *(в биотехнологии)*

SKE [Steinkohlen-Einheit] единица условного топлива, угольный эквивалент, у.э. *(Ср.* **RöE)**

Sl [Schlick] ил, иловые наносы

Sn [Stannum] *(Syn.* Zinn) олово, Sn

SNR [Schneller Natrium-Reaktor] натриевый быстрый реактор, охлаждаемый натрием быстрый реактор

SO [Schwefel-Dioxid] диоксид серы, двуокись серы, сернистый ангидрит *(Напр.* **SO** -**Ausstoß** *m* выбросы диоксида серы, **SO** -**Immissionssitua-tion** *f* загрязнение атмосферы диоксидом сер) ^{2}

SO3 [Schwefel-Trioxid] триоксид серы, серный ангидрид

SOX [Schwefel-Oxide] оксиды серы, окислы серы

SöL [Stiftung ökologie und Land-Bau] Фонд «Экология и земледелие» *(Бад Дюркгейм, ФРГ)*

SOTA [solarthermische Anlagen] тепловые агрегаты, работающие на солнечной энергии

SRA [System-Studie Radioaktive Abfälle in der Bundesrepublik Deutschland] системное исследование по радиоактивным отходам в ФРГ

SRS [Sekundär-Rohstoff] *(Syn.* SERO) вторичное сырьё

SRU [Sachverständigen-Rat für Umwelt-Fragen] *(Syn.* Rat der Sachverständigen für Umwelt-Fragen) экспертный совет по вопросам окружающей среды *(при правительстве ФРГ)*

SSK [Strahlenschutz-Kommission der Bundes-Regierung] Комиссия по радиационной защите при правительстве ФРГ

SSMB [Strahlenschutz-Merkblatt] памятка по радиационной защите *(ФРГ)*

SSV *См.* **SSVO**

SSVO [Strahlenschutz-Verordnung] *(Syn.* StrlSchV, SV) Постановление о защите от излучений, Постановление по радиационной защите; Положение о радиационной безопасности, Положение о защите от радиоактивных излучений

SSVOG [Strahlenschutzvorsorge-Gesetz] *(Syn.* StrVG, StrlSchVG) Закон о предупредительных мерах для защиты населения от вредного воздействия радиации

StFB [Staatlicher Forstwirtschafts-Betrieb] Государственное лесохозяйственное предприятие, лесхоз

StFV [Störfall-Verordnung] Постановление о предупреждении и ликвидации аварий

STIKO [Ständige Impf-Kommission] Постоянная комиссия по вакцинации населения

StoV [Stoff-Verordnung, Verordnung über umweltgefährdende Stoffe] Распоряжение об экологически опасных веществах *(Швейцария)*

StrlSchV, STRSCHV *См.* **SSVO**

StrlSchVG *См.* **SSVOG**

StrlVG *См.* **SSVOG**

STS [Schweizer Tier-Schutz] Швейцарское общество защиты животных

StVO [Straßenverkehrs-Ordnung] *(Syn.* VO) Правила дорожного движения, Правила уличного движения

StVZO [Straßenverkehrs-Zulassungsordnung] Технические требования к эксплуатации безрельсового транспорта, Правила оформления допуска автотранспортных средств к дорожному движению

SV [Schlamm-Volumen] *(Syn.* VS) объём (активного) ила

SV [*англ.* Settleable Solids, Settling Solids] (*нем.* absetzbare Stoffe, Sink-Stoffe) осаждающиеся вещества, оседаемые примеси, оседающие примеси

Sv, SV [Sievert] Зиверт, Зв

SV [Strahlenschutz-Verordnung] *(Syn.* SSVO, StrlSchV) Постановление по радиационной защите

SVA [Schweizerische Vereinigung für Atom-Energie] Швейцарская ассоциация атомной энергетики, Швейцарское объединение по атомной энергетике

SVI [Schlamm-Volumenindex] *(Syn.* Schlamm-Index, S, ISV) иловый индекс

SVS [Schweizer Vogel-Schutz] Швейцарское общество защиты птиц

SW [Schmutz-Wasser] загрязнённая вода, грязная вода, сточная вода, загрязнённая сточная жидкость, загрязнённые стоки

SW [Wochenendhaus-Gebiet] дачная зона

SWR [Siedewasser-Reaktor] (*англ.* BWR, Boiling Water Reactor) водо-водяной кипящий реактор, реактор с кипящей водой, водо-водяной реактор кипящего типа

SZ [Säure-Zahl] кислотность, показатель кислотности, pH, кислотное число

SZ [Schutz-Zone] *(Syn.* Schutz-Bereich) санитарная зона, охранная зона; природоохранная территория

SZ [Süddeutsche Zeitung] «Зюддойче Цайтунг» *(одна из крупнейших газет ФРГ)*

Sz [Schweiz] Швейцария

SZS [Staatliche Zentrale für Strahlen-Schutz] Государственный центр радиационной защиты *(в бывшей ГДР)*

T

T [Temperatur] (*Syn.* t, Temp.) температура

T [Trocken-Substanz] (*Syn.* TS) сухое вещество

t [Temperatur] (*Syn.* T, Temp.) температура

t [Tonne] тонна, т

t [Zeit] время

tf [Fließ-Zeit] (*Syn.* Durchfluß-Zeit) время протекания, время прохождения потока; продолжительность пребывания

tFB [Faul-Zeit] продолжительность сбраживания, время пребывания в метантенке *(сут)*

TK [Kontakt-Zeit] время контакта, период контакта, продолжительность контакта

tR [Durchfluß-Zeit] (*Syn.* Fließ-Zeit, volumetrische Verweil-Zeit) продолжительность пребывания *(в отстойнике)*, продолжительность отстаивания *(сточных вод)*

t/a [Tonnen im Jahr] тонн в год *(напр. образование отходов)*

TA [Technik-Abschätzung, Technologie-Abschätzung] (*Syn.* TFA, UVP) экологическое обоснование *(проектов)*; экологическая оценка технических решений

TA [Technische Anleitung] техническое руководство, технические правила

TA Abfall [Technische Anleitung zur Abfall-Beseitigung] Техническое руководство по удалению отходов, Техническое руководство по ликвидации отходов, ТР-Отходы

TA Boden [Technische Anleitung zum Boden-Schutz] Техническое руководство по охране почв, ТР-Почвы

TA Lärm [Technische Anleitung zum Lärm-Schutz] Техническое руководство по защите от шума, ТР-Шум

TA Luft [Technische Anleitung zur Luft-Reinhaltung] Техническое руководство по защите воздушной среды, ТР-Воздух

TA Siedlungs-Abfall [Technische Anleitung über Siedlungs-Abfall] Техническое руководство по санитарной очистке населённых мест, ТР-Санитарная очистка населённых мест, ТР-Отходы населённых мест

TA Sonder-Abfall [Technische Anleitung zum Sonder-Abfall] Техническое руководство по удалению опасных отходов, ТР-Опасные отходы

TAL *См.* **TA Luft**

Ta-UVP [Technische Anleitung Umweltverträglichkeits-Prüfung] Техническое руководство по экологической экспертизе проектов, ТР-Экологическая экспертиза проектов

Tb, TB [Tuberkulose] туберкулёз

TBA [Tierkörper-Beseitigungsanstalt] (*Syn.* Abdeckerei) (ветеринарно-санитарный) утилизационный завод, утиль-завод; *разг.* живодёрня

TBA [Trink-, Brauch- und Abwasser] питьевая, хозяйственная и сточная вода (*Напр.* **TBA-Biologie** *f* биология питьевой воды, а также хозяйственных и сточных вод; биологические свойства питьевой, хозяйственной и сточной воды)

Tbk [Tuberkulose] туберкулёз

TCB [Tetra-Chlor-Biphenyl] тетрахлорбифенил

TCDD [Tetra-Chlor-Dibenzo-Dioxin, tetrachloriertes Dibenzo-Dioxin] (*Syn.* Dioxin, Tetrachlordibenzo-p-dioxin, Seveso-Dioxin) тетрахлор-дибензодиоксин, 2,3,7,8-тетрахлор-дибензо-парадиоксин, 2,3,7,8-ТХДД, диоксин, $Cl_2H_5O_2Cl_3$

TCDF [Tetra-Chlor-Dibenzo-Furan] тетрахлор-дибензофуран, $Cl_2H_4Cl_4O$

TCE [Tri-Chlor-Ethylen] (*Syn.* Tri) трихлорэтилен, $CHCl=CCl_2$

TCP [Tri-Chlor-Phenol, Tri-Chlor-Fenol] 2,4,5-трихлорфенол

TD [Tages-Dosis] суточная доза

TDM/a [Tausend Deutsche Mark pro Jahr] тысяч немецких марок в год *(о затратах)*

TE [*англ.* Toxicity Equivalent] (*нем.* Toxizitäts-äquivalent) эквивалентная токсичность; степень токсичности; показатель токсичности

TE [*англ.* Turbidity Unit] (*нем.* Trübungs-Einheit) единица мутности единица мутности *(атмосферы, воды)*

TEL [*англ.* Tetra-Ethyl-Lead] (*нем.* Blei-Tetra-äthyl, BTA) тетраэтилсвинец, ТЭС, $Pb(C_2H_5)_4$

Temp. [Temperatur] (*Syn.* t, T) температура

TensV [Tensid-Verordnung] Распоряжение о тенсидах

Terratec [Fach-Messe und Kongreß für Umwelt-Innovationen] Терратек - специализированная ярмарка и конгресс по инновациям в области охраны окружающей среды *(в рамках Лейпцигской весенней ярмарки)*

Tetra [Tetra-Chlor-Methan] тетрахлорметан, четырёххлористый углерод, хладон 10, CCl_4

TFA [Technologiefolgen-Abschätzung] (*Syn.* TA, UVP) (*англ.* Technology Assessment) экологическое обоснование (*проектов*); экологическая оценка технических решений

TGA [Tier-Gesundheitsamt] ветеринарно-санитарное управление; ветеринарно-санитарное бюро

TGK [toxische Grenz-Konzentration] предельно допустимая концентрация токсичных веществ

THTR [Thorium-Hochtemperatur-Reaktor] высокотемпературный ториевый реактор

T.H.W. [Tide-Hochwasser] уровень полного прилива, уровень высоких вод, полная вода

TIA [Technologien zur Industrie-Abwasserbehandlung GmbH] ТИА - Общество технологий для промышленной очистки сточных вод

TIB [technische Immissions-Begrenzung] ограничение загрязнения промышленными выбросами (*Напр.* **TIB-Werte** *mpl* нормативы предельно допустимого загрязнения промышленными выбросами)

TIC [*англ.* Total Inorganic Carbon] (*нем.* anorganisch gebundener Kohlen-Stoff) неорганически связанный углерод

TierSchG [Tierschutz-Gesetz] Закон об охране животных

TK [Techniker Kranken-Kasse] «ТК - Больничная касса для техников» (*организация медицинского страхования*)

TKBA [Tierkörper-Beseitigungsanlage] утилизационный завод

TM [Trocken-Masse] сухая масса, сухое (органическое) вещество

TMD [Tages-Maximaldosis, tägliche Maximal-Dosis] максимальная суточная доза, допустимая суточная доза, ДСД; допустимое суточное потребление, ДСП; максимальный суточный приём (*лекарства*)

TME [«Tourismus mit Einsicht»] «Разумный туризм» (*организация*)

TML [*англ.* Tetra-Methyl-Lead] (*нем.* Blei-Tetra-Methyl) тетраметилсвинец, $(CH_3)_4Pb$

TNT [Tri-Nitro-Toluol] тротил, тол, тринитротолуол

TNV [Thermische Nach-Verbrennung] (*Syn.* Thermische Abluft-Verbrennung) термическое дожигание, термическое окисление

TOC [*англ.* Total Organic Carbon] (*нем.* gesamter organischer Kohlen-Stoff; organisch gebundener Kohlen-Stoff, gesamt) общее содержание органического углерода

TOD [*англ.* Total Oxygen Demand] (*нем.* totaler Sauerstoff-Bedarf) общая потребность в кислороде, полная потребность в кислороде

TOG [Transport-Ordnung für gefährliche Güter] Правила перевозки опасных грузов

toxikol. [toxikologisch] токсикологический

TPP [Tri-Phenyl-Phosphat] трифенилфосфат, $(C_6H_5O)_3PO$

TR [Thorium-Reaktor] ториевый реактор

TR [Trocken-Substanz] сухое вещество (*Напр.* **TR-Fracht** *f* нагрузка по сухому веществу)

TRGS [Technische Regeln für Gefahr-Stoffe] технические нормы для опасных веществ

Tri [Tri-Chlor-Ethan] 1,1,2-трихлорэтан, $CH_2ClCHCl_2$

Tri [Tri-Chlor-Ethylen] (*Syn.* TCE) трихлорэтилен, $CHCl{=}CCl_2$

TriCB [Tri-Chlor-Biphenyl] трихлорбифенил

TRK [technische Richt-Konzentrationen] (*Syn.* Richtkonzentrations-Werte, TRK-Werte) технические нормативные концентрации, ПДК (*для опасных и канцерогенных веществ*); технические нормативы (*вредных выбросов*), ПДВ

TS [Tal-Sperre] плотина; водохранилище; запруда

TS, T/S [Treib-Stoff] горючее; топливо; горюче-смазочные материалы, ГСМ

TS [Trocken-Substanz] (*Syn.* Schlamm-Trockensubstanz, Trocken-Masse, Trocken-Rückstand, T) сухое вещество (*активного ила*), сухая масса, количество сухого вещества; сухой остаток (*Напр.* **TS-Gehalt** содержание сухого вещества)

TSA [Thüringische Sonderabfall-Gesellschaft mbH] TCA - Тюрингское общество по удалению особо опасных отходов

TSCA [*англ.* Toxic Substances Control Act] (*нем.* Chemikalien-Gesetz der USA, Umweltchemikalien-Gesetz der USA) Закон о контроле над токсичными веществами (*США*)

TSG [Trinkwasser-Schutzgebiet] (*Syn.* Trinkwasser-Schutzzone) водоохранная зона, санитарно-защитная зона вокруг источника питьевой воды, зона санитарной охраны источника питьевой воды

TTS [*англ.* Temporary Threshold Shift] (*нем.* temporäre Hörschwellen-Verscheibung) временное смещение порога слуховой чувствительности

TUL [Transport, Umschlag und Lagerung] транспортировка, перевалка и хранение; условия транспортировки, перевалки и хранения *(химических веществ)*

TüV [Technischer überwachungs-Verein] техническая инспекция, технадзор, региональное объединение технадзора *(напр. в Баварии, Северной Германии)*; органы технадзора (*Напр.* **TüV-Kfz-Abgasprüfung** *f* проверка токсичности выхлопных газов автомобилей, проводимая при техосмотре)

TVO [Trinkwasser-Verordnung] Постановление о питьевой воде; Постановление о приготовлении, очистке и использовании питьевой воды

TWA [Tiefenwasser-Ableitung] отведение глубинных вод

TWBA [Tiefenwasser-Belüftungsanlage] установка глубинной аэрации

U

U [Umwelt] окружающая среда

U [Uran] уран (*Напр.* **U-235, U235** [Uran 235] уран-235)

UBA [Umwelt-Bundesamt] Федеральное ведомство по охране окружающей среды *(ФРГ)*

üChem [überwachungs-Gemeinschaft Chemianlagen-Betreibender] Совместный контрольный орган пользователей химического оборудования

UES *См.* **üS**

UF [Harnstoff-Formaldehyd-Harze] мочевино-формальдегидные смолы, карбамидо-формальдегидные смолы, карбамидные смолы

UF [Ultra-Filtration] (*Syn.* Umkehr-Osmose) гиперфильтрация, обратный осмос

UFODAT [Umweltforschungs-Datenbank] Банк данных по экологическим исследованиям, Банк данных о результатах экологических исследований

UFOKAT [Umweltforschungs-Katalog] каталог экологических исследований, каталог экологических разработок *(ФРГ)*

UFöP [staatliches Umweltförderungs-Programm] государственная программа содействия охране окружающей среды, государственная программа развития экологии, государственная программа поддержки природоохранных мероприятий *(ФРГ)*

UFZ [Umweltforschungs-Zentrum] центр экологических исследований

UKAEA [*англ.* United Kingdom Atomic Energy Authority] (*нем.* britische staatliche Atomenergie-Behörde) Управление по атомной энергии Великобритании, Британское управление по атомной энергии

ULIDAT [Umweltinformations-Datenbank] Банк информации об окружающей среде

ULIDAT [Umweltliteratur-Datenbank] Банк данных о литературе по экологии, Банк данных по экологической литературе

UMK [Umweltminister-Konferenz] конференция министров экологии

UMPLIS [Umwelt-Planungs-Informationssystem] (*Syn.* Informations- und Dokumentations-System Umwelt, Informations- und Dokumentations-System für Umwelt-Planung) Система информации и документации по окружающей среде, Система информации и документации в области экологического планирования UMPLIS *(ФРГ)* (*Напр.* **UMPLIS-Datenbank** *f* Банк данных о причинах вредных выбросов Системы информации и документации по окружающей среде UMPLIS; кадастр вредных выбросов системы UMPLIS)

UmweltHG [Umwelthaftungs-Gesetz] Закон об ответственности за нанесение ущерба окружающей среде

UN [*англ.* United Nations] (*нем.* der Vereinten Nationen) Объединённых наций, ООН (*Напр.* **UN-Umweltprogramm** *n* Программа ООН по окружающей среде, ЮНЕП)

UNCED [*англ.* United Nations Conference on Environment and Development] (*нем.* Umwelt-Konferenz der Vereinten Nationen, UN-Konferenz für Umwelt und Entwicklung, UN-Umweltkonferenz) Конференция ООН по окружающей среде и развитию

UNEP [*англ.* United Nations Environmental Programme] (*нем.* Umwelt-Programm der Vereinten Nationen, UN-Umweltprogramm) Программа ООН по окружающей среде

UNERG [Konferenz der Vereinten Nationen über neue und erneuerbare Energie-Quellen] Конференция ООН по новым и возобновимым источникам энергии *(Найроби, 1981)*

UNSCEAR [*англ.* United Nations Scientific Committee on the Effects of Atomic Radiation] (*нем.* wissenschaftlicher Ausschluß der Vereinten Nationen über die Wirkung ionisierender Strahlung) Научный комитет ООН по последствиям атомной радиации

UP [ungesättigtes Polyester-Harz] ненасыщенная полиэстровая смола

UPI [Umwelt- und Prognose-Institut, Heidelberg] Гейдельбергский институт прогнозов *(ФРГ)*

UR [Ultrarot□] ультракрасный (*Напр.* **UR-Strahlung** ультракрасное излучение)

UR-DB [Umweltrechts-Datenbanken des Umwelt-Bundesamtes] Банки данных по экологическому праву Федерального ведомства по охране окружающей среды

üS [überschuß-Schlamm] избыточный активный ил

üS [überschußschlamm-Anfall] количество образующего избыточного ила

USAEC [*англ.* United States Atomic Energy Commission] (*Syn.* AEC) (*нем.* Atomenergie-Kommission der USA) Комиссия США по вопросам ядерной энергетики

USG [Umweltschutz-Gesetz der Schweiz] (*Syn.* Bundes-Gesetz über den Umwelt-Schutz) Федеральный закон об охране окружающей среды *(Швейцария)*

USG [Umweltgutachter- und Standortregistrierungs-Gesetz, Gesetz über die Zulassung von Umwelt-Gutachtern und Umweltgutachter-Organisationen sowie über die Registrierung geprüfter Betriebs-Standorte] Закон об экологических экспертах и регистрации мест размещения, *(полное название:)* Закон о порядке допуска экологических экспертов и организаций по экологической экспертизе, а также о регистрации проверенных мест размещения предприятий *(ФРГ)*

üSP [überschußschlamm-Produktion] производство избыточного ила

UTAG [Umwelt-Technik AG Halle] Акционерное общество «УТАГ - природоохранные технологии», г. Галле *(ФРГ)*

UTR [Firma Umwelt-Technologie und Recycling, Gladbeck] Фирма по природоохранным технологиям и рециклированию отходов в г. Гладбек *(ФРГ)*

UV [Ultraviolett□] ультрафиолетовый, УФ (*Напр.* **UV-Behandlung** *f* обеззараживание *(сточных вод)* ультрафиолетовыми лучами, **UV-Bestrahlung** *f* облучение ультрафиолетовыми лучами, обеззараживание ультрафиолетовыми лучами, **UV-Bestrahlungsgerät** *n* устройство для облучения ультрафиолетовыми лучами, аппарат для облучения ультрафиолетовыми лучами, **UV-Entkeimung** *f* обеззараживание *(сточных вод)* ультрафиолетовыми лучами, **UV-Schäden** *mpl* повреждения от облучения ультрафиолетовыми лучами, **UV-Schutzfilter** *n* фильтр, защищающий от ультрафиолетового излучения; защитный фильтр от ультрафиолетового излучения, **UV-Strahlung** *f* ультрафиолетовое излучение, УФ)

UV [Unfall-Versicherung] страхование от несчастных случаев

UVP [Umweltverträglichkeits-Prüfung] (*Cp.* Technology Assessment) (*Syn.* Umweltverträglichkeits-Test, Umweltverträglichkeits-Untersuchungen) экологическая экспертиза проектов, экологическая оценка *(технологии)* (*Напр.* **UVP-Gesetz** *n (сокр.* UVPG) Закон об экологической экспертизе проектов*)*

UVPG [UVP-Gesetz, Umweltverträglichkeits-Prüfungs-Gesetz, Gesetz über Umweltverträglichkeits-Prüfung] Закон об экологической экспертизе проектов *(ФРГ)*

UVPV [Verordnung über Umweltverträglichkeits-Prüfung] Распоряжение об экологической экспертизе проектов *(Швейцария)*

UVS [Umweltverträglichkeits-Studie] экологическое обоснование *(к проекту)*

UVV [Unfallverhütungs-Vorschriften] правила техники безопасности, инструкции по технике безопасности

UVV G [Unfallverhütungs-Vorschrift Gesundheits-Dienst] инструкция по технике безопасности для медицинской службы

UWG [Gesellschaft für Umwelt- und Wirtschafts-Geologie mbH] «УВГ - Общество по экологической и экономической геологии»

UWI [Umweltwissenschaftliches Institut] Научно-исследовательский институт по окружающей среде, Институт научных исследований в области экологии

UWS [Umwelt-Schutz] охрана окружающей среды, экология

V

V [Ventil] вентиль; клапан

V [Verdunstung] испарение

V [Verordnung] (*Syn.* VO) распоряжение, постановление, положение; инструкция; подзаконный акт

V [Volt] вольт, В

V [Volumen] (*Syn.* Vol.) объём

VF [Filter-Geschwindigkeit] скорость фильтрации

VS [Schlamm-Volumen] (*Syn.* SV) объём (активного) ила

VS [*англ.* settling velocity] (*нем.* Absetz-Geschwindigkeit) скорость осаждения, скорость оседания, гидравлическая крупность

VAB [Vermittlungs-Stelle der Wirtschaft für Altlastensanierungs-Beratung e.V.] Посредническое бюро для представителей фирм, содействующее в получении консультаций по вопросам ликвидации последствий загрязнения

VCD [Verkehrs-Club Deutschland e.V.] (Verkehrs-Club der Bundes-Republik Deutschland) Федеральный клуб работников транспорта *(ФРГ)*

VCI [Verband der Chemischen Industrie e.V.] Союз химической промышленности

VDA [Verband der Automobil-Industrie e.V.] Союз автомобильной промышленности

VDE [Vereinigung Deutscher Elektrizitäts-Werke e.V.] *(Syn.* VDEW) Объединение немецких электростанций

VDEW *См.* **VDE**

VDI [Verein deutscher Ingenieure] Союз немецких инженеров

VDLUFA [Verband Deutscher Landwirtschaftlicher Untersuchungs- und Forschungs-Anstalten] Союз немецких сельскохозяйственных научно-исследовательских центров

VDN [Verband **Deutscher** Natur-Parke e.V.] Союз немецких природных парков

VDSF [Verband Deutscher Sport-Fischer e.V.] Немецкий союз любителей спортивной рыбной ловли

VdTüV [Vereinigung der Technischen überwachungs-Vereine] Объединение региональных организаций технадзора

VDV [Verband Deutscher Verkehrs-Unternehmen] Союз немецких транспортных фирм

VE [Voll-Entsalzung] полное опреснение *(воды)*

VE [Voreindicker] предварительный уплотнитель, первичный уплотнитель, предварительный сгуститель *(осадков)*

VerpackV [Verpackungs-Verordnung] Распоряжение о рациональном использовании упаковки и тары

VERA [Verfestigungs-Anlage zur Verglasung hochradiaktiver Abfall-Lösungen] отверждающая установка для остекловывания высокоактивных отработанных растворов

VF [Verkehrs-Fläche] площадь, занятая под транспортными магистралями

VGK [Verwertungs-Gesellschaft Gebrauchte Kunststoff-Verpackungen] Общество по утилизации использованных полиэтиленовых пакетов *(ФРГ)*

VI [Verbraucher-Initiative] инициатива потребителей, почин потребителей

VK [Vorklär-Becken] первичный отстойник

VK [Vorklärbecken-Ablauf] сток первичного отстойника

VKS [Verband kommunaler Städtereinigungs-Betriebe] *(Syn.* Verband kommunaler Abfall-Wirtschaft und Stadt-Reinigung e.V.) Союз коммунальной промышленности по переработке отходов и санитарной очистке населённых мест, Союз коммунальных предприятий по санитарной очистке населённых мест

VME [Vereinigung mittelständischer Entsorgungs-Betriebe] Объединение средних предприятий по удалению и обезвреживанию отходов

VNL [Verband zur Förderung des Natur-Schutzes und der Landschafts-Pflege] Союз содействия охране природе и сохранению ландшафтов

VO [Verkehrs-Ordnung] Правила уличного движения, Правила дорожного движения

VO [Verordnung] *(Syn.* V) Распоряжение, Постановление *(Федерации или земель);* инструкция; подзаконный акт

VOC *[англ.* Volatile Organic Carbons] *(нем.* flüchtige Kohlen-Wasserstoffe) летучий органический углерод; летучие углеводороды

VpK [verbraucherpolitische Korrespondenz] ведение переписки по вопросам политики в области защиты прав потребителей

VRN [Verband der Reformwaren-Hersteller e.V.] Союз производителей экологически чистых продуктов

VO-Bo [Verordnung über Schad-Stoffe im Boden] Распоряжение о контроле за загрязнением почв вредными веществами *(Швейцария)*

Vol. [Volumen] *(Syn.* V) объём

VS [Absetz-Volumen] оседающий объём; объём илоотделения

VSV, Vsv [Vergleichs-Schlammvolumen] [*Syn.* Schlammvolumen-Oberflächenbeschickung) сравнительный объём ила, образцовый объём ила, опорный объём ила; поверхностная иловая нагрузка;

VUP [Verursacher-Prinzip] принцип «Отвечает тот, кто загрязняет»; принцип ответственности виновного в загрязнении

VVS [Verordnung über den Verkehr mit Sonder-Abfällen] Распоряжение о порядке обращения с особо опасными отходами

VWF [Verordnung über den Schutz der Gewässer vor wassergefährdenden Flüssigkeiten] Распоряжение о защите водоёмов от загрязняющих жидкостей

VwV [Verwaltungs-Vorschriften] *(Richtlinien*, Verordnungen*)* административные акты; нормативные акты; подзаконные акты

VZ [Verbraucher-Zentrale] центр по защите прав потребителей; общество защиты прав потребителей

W

W [Wasser] вода; влага

W [Watt] ватт, Вт, W

W [Wohnbau-Flächen] площади, используемые под жилую застройку

W [Wohnen] проживание

WA [Wärme-Austauscher] теплообменник

WA [Washingtoner Artenschutz-Abkommen] *(Syn.* CITES) Вашингтонская конвенция об охране видов; Конвенция о международной торговле видами дикой фауны и флоры, находящимися под угрозой исчезновения

WAA [Wieder-Aufbereitungs-Anlage] установка для переработки радиоактивных отходов, завод по переработке радиоактивных отходов, регенерационный завод

WAA Wackersdorf [Wiederaufbereitungs-Anlage Wackersdorf] завод по переработке радиоактивных отходов в г. Вакерсдорфе *(ФРГ)*

WAB [Wasser-Versorgung und Abwasser-Behandlung] водоснабжение и очистка сточных вод, водоснабжение и удаление сточных вод

WAB [VEB Wasserversorgung und Abwasserbehandlung] *(Syn.* VEB WAB) народное предприятие по водоснабжению и очистке сточных вод

WAF [Zeitschrift für Wasser- und Abwasser-Forschung] «Журнал по гидрологическим исследованиям и изучению сточных вод»

WAK [Wiederaufbereitungs-Anlage Karlsruhe] завод по переработке радиоактивных отходов в г. Карлсруэ

WaStrG [Wasserstraßen-Gesetz] Закон о водных путях

WASY [Gesellschaft für wasserwirtschaftliche Planung und System-Forschung mbH, Berlin] ВАЗИ - Общество водохозяйственного проектирования и системных исследований, г. Берлин

WAT [Wasser- und Abwasser-Technik] гидротехническое и канализационное оборудование

WaWi [Wasser-Wirtschaft] водное хозяйство

WB [West-Berlin] Западный Берлин

WBS [Wetterbeobachtungs-Schiff] судно метеорологической службы

WC [*англ.* water-closet] (*нем.* Wasser-Klosett) ватерклозет; туалет с ватерклозетом (*Напр.* **WC Damen** женский туалет *(надпись)* **WC Herren** мужской туалет *(надпись)* **WC-Anlage** *f* санузел, **WC-Duftspender** *m* освежитель воздуха для туалета, **WC-Reiniger** *m* чистящее средство для туалета, **WC-Spülung** *f* смыв ватерклозета)

WCED [*англ.* World Commission on Environment and Development] (*нем.* Welt-Kommission für Umwelt-Schutz und Entwicklung) Комиссия ООН по экологии и развитию

WCRP [*англ.* World Climat Research Programme] (*нем.* Weltklima-Forschungsprogramm) Всемирная программа климатических исследований, Всемирная программа исследования климата

WD [Wirk-Dosis, Wirkungs-Dosis] *(Syn.* ED) эффективная доза

WE [Wärme-Einheit] тепловая единица, калория; единица тепла; единица тепловой энергии

WEGA [Windenergie-Großanlagen] крупные ветросиловые установки; ветроэлектростанции, ВЭС

WEP [Welt-Ernährungs-Programm] всемирная продовольственная программа

WeWa [Wetter-Warte] метеорологическая станция, метеостанция

WF [Wald-Fläche] (*Syn.* bewaldete Fläche, mit Wald bedeckte Fläche, Wald-Bestand) лесопокрытая площадь; площадь, занятая лесами; площадь лесных массивов

WFC [*англ.* World Food Council] (*нем.* Welt-Ernährungs-Rat) Всемирный продовольственный совет

WGK [Wassergefährdungs-Klasse] категория опасности для вод, категория *(загрязняющих веществ)* по степени опасности для вод

WGM [Wildbiologische Gesellschaft München e.V.] Мюнхенское общество по биологии диких животных

WGO [Welt-Gesundheitsorganisation] (*Syn.* WHO) Всемирная организация здравоохранения, ВОЗ

WGU [Wissenschaftliche Gesellschaft für Umwelt-Schutz] Научное общество по охране окружающей среды, Научное экологическое общество *(ФРГ)*

WGZ [Wassergefährdungs-Zahl] показатель степени опасности для вод, коэффициент степени опасности для вод, индекс степени опасности для вод

WHG [Wasserhaushalts-Gesetz] Федеральный закон о водном балансе; Федеральный закон о регулировании водного режима

WHO [*англ.* World Health Organisation] *(Syn.* WGO) Всемирная организация здравоохранения, ВОЗ *(Напр.* **WHO-Grenzwerte** *mpl,* **WHO-Richtwerte** *mpl,* **WHO-Werte** *mpl* (гигиенические) нормативы, установленные ВОЗ; нормативы ВОЗ)

WHW [Winter-Hochwasser] зимний паводок

WKS [WKS Klär-Systeme GmbH] «ВКС - фирма по системам очистки сточных вод»

WKS [wirtschaftliche Klär-Systeme] экономичные очистные комплексы *(технология устройства децентрализованных очистных сооружений компактно-контейнерного типа)*

WLB [Wasser, Luft und Boden] вода, воздух и почвы

WMO [*англ.* World Meteorological Organisation] *(нем.* Weltmeteorologische Organisation, Welt-Organisation für Meteorologie, WMO) Всемирная метеорологическая организация, ВМО

WRMG [Wasch- und Reinigungsmittel-Gesetz] Закон о моющих и чистящих средствах

Ws [Schmutzwasser-Anfall] приток загрязнённых вод; объём образования загрязнённых вод

WSL [Welt-Bund zum Schutz des Lebens] Всемирный союз по защите жизни *(ФРГ)*

WSPA [*англ.* World Society for the Protection of animals] *(нем.* Welt-Tierschutzgemeinschaft) Всемирное общество защиты животных

Wst [Wetter-Station] *(Syn.* Wetter-Warte) метеостанцяи, метеорологическая станция

WV [Wasser-Versorgung] водоснабжение; водообеспечение

WVN [Wasser-Verbund Nieder-Rhein] Нижнерейнское объединение водоснабжающих организаций

WWA [Wasserwirtschafts-Amt] Водохозяйственное ведомство; Бюро по водному хозяйству

WWD [Wasserwirtschafts-Direktion] Водохозяйственное управление; Водохозяйственная администрация

WWF [*англ.* World Wildlife Fund] (*нем.* Welt-Naturschutz-Fonds, Welt-Naturfonds] Всемирный фонд охраны дикой природы, Всемирный фонд дикой природы

WWt, WWT [Wasser-Wirtschaft Wasser-Technik] «Водное хозяйство и гидротехника» *(журнал)*

Z

Z [Zentrifuge] центрифуга

Z. [Zone] зона

Z [Zulauf] (*Syn.* Zufluß) приток; поступающие стоки

z [zerstreut] разбросанная встречаемость

ZAU [Zeitschrift für angewandte Umwelt-Forschung] «Журнал прикладных экологических исследований»

ZBZ [Zentrales Brennelement-Zwischenlager] Центральное временное хранилище для использованного ядерного топлива

ZEBS [Zentrale Erfassungs- und Bewertungs-Stelle für Umwelt-Chemikalien] Центральная служба учёта и оценки веществ, загрязняющих окружающую среду; Центральное бюро учёта и оценки химических веществ, загрязняющих окружающую среду *(при Федеральном ведомстве здравоохранения)*

Zers. [Zersetzung] деструкция, разложение

ZIGE [Zentrale Informations-Stelle für das Genehmigungs-Verfahren und das Emissions-Kataster] Центральная информационная служба выдачи разрешений и составления кадастров выбросов

ZIMEN [Zentrales Immissions-Meßnetz] Централизованная сеть мониторинга загрязнений

ZKA [zentrale Klär-Anlage] центральная станция очистки; коммунальное очистное сооружение

ZKBS [Zentrale Kommission für Biologische Sicherheit] Центральная комиссия по биологической безопасности

Zn [Zink] цинк

ZNS [Zentrales Nerven-System, Zentral-Nervensystem] центральная нервная система, ЦНС (*Напр.* **ZNS-Gift** яд, воздействующий на центральную нервную систему; яд нервно-паралитического действия)

ZNV [Zentrale Naturschutz-Verwaltung] Центральное управление охраны природы (*в бывшей ГДР*)

ZUE [Zentral-Stelle für Umwelt-Erziehung] Центральное бюро по природохранному воспитанию

zul. [zulässig] допустимый, допускаемый